日本の無戸籍者

井戸まさえ
Masae Ido

岩波新書
1680

はじめに

「無戸籍児」あるいは「無戸籍者」とは日本人の親のもとに生まれながらも、何らかの事情で出生届が出されず、「戸籍」に登録されないまま生活している人々のことをいう。その数は司法統計から推定して「少なくとも一万人」といわれている。

法治国家であるはずの日本に、生まれたことすら公証されていない無戸籍者がこれだけ存在するという事実を、今生きる私たちはどう受けとめたらよいのだろうか。

人が生きるうえで必要な権利は、出生に始まり死亡により消滅する。日本人にとってはその権利能力形成を行ない、担保するのが「戸籍」である。

無戸籍者が存在するということは、まさにその担保にアクセスできない国民がいる、ということだ。かれらの多くは本来持つはずの権利も、それを行使する機会も奪われたまま生きざるを得ない。声をあげることすらおぼつかないため一般の国民より弱い立場に追いやられ、本来保護やケアがより必要な存在であるにもかかわらず、むしろ逆に「行政的にはそもそも存在しない」、福祉の対象外として扱われるのが常である。

国家の側をみれば、無戸籍者がいるであろうことを知りながら、十分な対策をせず放置をしているということは、主権者たる国民を把握するという国家の基礎的役割を放棄しているともとれる。登録を促し、制度を貫徹しようとする意志の欠如は、ガバナンス能力のなさと戸籍という登録制度の脆弱性を自ら堂々と認めていると言えなくもないだろう。

そもそも、主権者たる国民の存在を十分に把握していないということは、国家であることの正当性さえも問われかねないのだが、なぜ制度の抜本的見直しをしないまま今日に至るのだろうか。


本書では、まず第1章で、思いもかけず、離婚後三〇〇日以内に生まれた第四子が無戸籍児となった私自身の体験や、その後一五年にわたる支援活動を通じて、今この時に起こっている「無戸籍問題とは何か」を考察する。無戸籍者たちの生活や、それに対しての行政対応等も記す。

第2章では無戸籍を引き起こす主因である「民法」他を、第3章では戸籍制度の歴史を律令制度に遡り検証する。と同時に戸籍制度が始まってから今日まで、同じだけの来歴を持つ無戸籍の歴史を振り返る。第4章では沖縄、サハリン等、私が実際に出会った日本の無戸籍者たち、またはその周辺で生きる人々へのインタビューをもとに戸籍に翻弄される人生の一端を記す。第5章ではグローバリゼーションの中で揺らぐ制度のひずみを、「あいまい」を国是としているとも思えるような国の判断の二重構造を検証する。第6章では形骸化する戸籍の今後を、天皇制や明治的支配、ジェンダーという視点からも考えたい。

国家は理念としての「家族像」を想定し、その実現のために法律やさまざまな施策を行なう。日本における戦後の「法的家族像」は、個人の尊厳と男女の本質的平等の実現の場という側面を持ち、法は慎重に現実の家族生活とのバランスをとることを求められる。

しかし、実際にはそうはなり得ていない。「戸籍制度」が発祥した古代から今まで一三〇〇有余年、戦後の新憲法下でも、とぎれることなく、制度からはじかれる「無戸籍者」を生み出す社会構造を「戸籍」は生み出し続けているのである。

多種多様な理由で国内外に存在する「日本の無戸籍者」たちは、日本人にとって「戸籍」とは何なのか、そもそも「日本人」とは誰なのかという根源的な問いへの答えなのだ。

目次

目次

第 1 章　「無戸籍問題」とは何か

2004 年に公開された映画『誰も知らない』
より（監督＝是枝裕和，© 2004 誰も知らない
製作委員会）

1　可視化される無戸籍者たち

「少なくとも一万人」　日本の無戸籍者数

何らかの事情により出生届が出されていない、もしくは戸籍が滅失している「無戸籍者」の存在は、一九七〇年代前半より法学者や一部マスコミの間では度々指摘されてきたものの、その原因はきわめてプライベートなことに起因するため匿名性が高く、顕在化しにくかった。

その状況が大きく変わったのは、二〇〇〇年代後半である。

二〇〇六年、海外への修学旅行に参加したいが無戸籍のためにパスポートが発給されない高校生が街頭で署名活動をする姿等が話題になった。時を同じくして毎日新聞が、明治民法から引き継がれた父を決めるルールである「嫡出推定規定」により、出生届を提出すると事実上の父ではなく離婚した前夫が父となるために届出することができず、社会保障の枠組みからはずれた子どもに関して、「戸籍なく二歳に」という記事を掲載。続いて、法的離婚後に懐胎した子どもまで前夫の子と推定されることに異を唱え無戸籍児となった子どもを持つ家族の事例、早産のために離婚後三〇〇日に数日足らず無戸籍児になってしまった例など、立て続けに報道した。同社は反響の大きさに「離婚後三〇〇日問題　無戸籍児を救え！」キャンペーンを始める。他のメディアもこれに呼応し、根拠に乏しい民法の嫡出推定をめぐって苦しむ無戸籍当事者やその家族の切実な姿はＮＨＫニュースを始め、新聞、雑誌、テレビ、ラジオで発信されるようになった。無戸籍問題は「人権問題」として社会に投げかけられた。今まで沈黙してきた政治の現場でも、衆参本会議の代表質問や予算委員会で取り上げられる等、無視できない課題となったのだ。

こうして社会問題として認識されるようになった無戸籍者たちだが、日本には一体何人存在しているのだろうか。

そもそも「登録していない人」を把握することは難しい。実際、法務省が二〇一四年八月から行なっている「無戸籍者に関する実態調査」では国が「無戸籍者」として把握をしているのは七一五人、うち成人一三二人(二〇一七年九月一〇日現在)である。二〇一四年八月の初回調査結果では二〇〇人だったから、この三年で三・五倍に増えていることになる。

ただ、法務省の調査で出て来たこの数は、通常言われている「司法統計」をもとにした「少なくとも一万人」という数との間に相当な乖離がある。なぜか。答えは簡単である。

まず、法務省の調査では、回答を寄せた自治体のうち「把握せず」と答えている自治体が八割近くに上る。つまりは回答率二〇％で出て来た数字が、この七一五人なのだ。

加えて、最も無戸籍が発生しやすい〇～一歳未満の乳児はカウントされていない。近い将来戸籍ができる可能性がそれ以降の年齢より高いと見越しているからだという。

つまり、本来ならば生後一五日目以降カウントされるはずの無戸籍者たちが排除され、かつ自治体の回答率が二割という中で積算された数が、法務省発表の数字なのである。

では、「少なくとも一万人」の根拠の方を見てみよう。

無戸籍問題は一九六五(昭和四〇)年、病院出産が自宅出産を上回った以降に顕著になる。第2章で詳しくみていくが、民法七七二条第二項で婚姻成立から二〇〇日経過後、離婚後三〇〇日以内に出生した子は、婚姻中に懐胎したものと規定している。

自宅出産の多かった一九六〇年代半ばより前は多くの対象者が「誕生日をずらす」ということで離婚後三〇〇日を避け、後夫の子や非嫡出子として出生届を出していたのだ。なんともおおらかな時代であったが、病院出産が主流となるとそうはいかず、出生の日付は出生証明書に厳密に記される。明らかに父は前夫ではないと思われるケースであっても、前夫を巻き込んだ調停・裁判をしなければならないようになり、それを避けんがために出生届を出さない人々が以降、格段に増えていったという事情があるのだ。

年間三〇〇〇件の調停・裁判

無戸籍となった子どもたちは、「出生後推定される法的父親」ではなく、「事実上の父」を父とした、もしくは「父親欄空欄」での戸籍を得たい場合は必ず調停・裁判を起こさなければならない。司法統計によれば、こうした調停・裁判は年間三〇〇〇件前後起きている。一般的には調停・裁判が終わるまで出生届は出さないから、一時的にでも無戸籍状態となるケースが年間約三〇〇〇人もいるということだ。

深刻なのは、この三〇〇〇件のうち、「調停不成立」となったり、「取り下げ」をしたケースが毎年約五〇〇件ある、ということだ。つまり、調停・裁判でも決着がつかないということは、将来にわたっても無戸籍状態が固定化するということを意味する。

この数は当然のことながら毎年積み上がる。つまり一九六五（昭和四〇）年から考えれば約五〇年後の二〇一七年には二万五〇〇〇人。直近二〇年を考えただけでも五〇〇人×二〇年で一万人、つまり、無戸籍者は「少なくとも一万人」いるということなのだ。

ただ、これに加えて調停・裁判にすら至っていないケース、身を隠して生きているケースも相当数ある。実際私のもとに連絡を取ってくる無戸籍者たちのほとんどは公的機関にアクセスできていないか、しても放置されているケースだ。つまり無戸籍者数は「少なくとも一万人プラスα」。法務省の発表数の「七一五人」と「少なくとも一万人プラスα」、どちらの数字がより実態を表しているかは、言わずもがなである。

2　無戸籍者が生まれる六つの理由

多様な背景

そもそもなぜこれだけ多くの無戸籍者が存在するのであろうか。

無戸籍者となるには主に六つの理由があると言われている。

①「民法七七二条」が壁となっているケース

民法七七二条の嫡出推定の規定により、前夫を子の父とすることを避けんがために、出生届を出さない・出せない状態となっている。

②「ネグレクト・虐待」が疑われるケース

親が子どもを出産しても出生届を出すことまで意識が至らないか意図的に登録を避けるケース。親の住居が定まらなかったり、貧困他の事情を抱えている場合が多い。自宅出産で援助者もなく、養育環境も整っていないことから日常的に児童虐待が行なわれていることもある。

③「戸籍制度そのものに反対」ケース

親が戸籍制度そのものに反対で子の出生届提出を拒む場合。

④「身元不明人」ケース

認知症等で自らの名前や住所の記憶がなくなったまま家を出てしまい身元の確認ができない。戸籍はあると思われる。

⑤戦争・災害で戸籍が滅失したケース

空襲等により戸籍の原本、副本ともが焼失したり、津波等の災害により流され、もしくは破損し、復活ができないケース。

⑥天皇および皇族

天皇と皇族には戸籍がない。天皇ならびに皇族に関する身分事項は、皇室典範および皇統譜令に定められた「皇統譜」に記される。「皇統譜」は天皇・皇后に関する事項を扱う「大統譜」、その他の皇族に関する事項を扱う「皇族譜」の二種があり、皇室の身分関係（家族関係）、皇統を公証する。婚姻により皇室に入る民間人は、それまでの「戸籍」を失うことになる。逆に結婚して皇室を出る女性皇族は、自分の戸籍を持たないまま夫を筆頭者とする戸籍を作り、そこに登録される。明治以降約五〇例の記録が残る。

出生届提出のハードル

日本では通常、父母、もしくは父と母のうちどちらかが日本人であれば、その子どもも日本人としてその親の戸籍に記載される。

そのためにはまず「出生届」の提出が必要だ。

通常出生届と呼ばれるのはB4もしくはA3判の一枚の紙である。この用紙のうち、出生届とは左側半分の部分である。そこには子の名前と出生場所、住民登録をする住所や父と母の名前を書く欄がある。

右側は出生届と同時に添付を要請される「出生証明書」である。出産した病院、もしくは取り上げた助産師が何月何日何時何分に何グラムで生まれたか等を記載し、署名・押印する。

これを提出したら、役所は記載に漏れや誤りがないかを確認して、父と母が婚姻していた場合はその父母の「嫡出子」として登録。母が未婚で産んだ場合は父親を空欄とし「非嫡出子」として母の戸籍に入れる。

ただし、子どもの名前が常用漢字表や人名用漢字表に記載されていない漢字だった場合などは受理されない。その場合は、別の使える漢字を選んで出し直すことになる。

出生届の提出期限は出生から一四日以内と決まっている。子どもが生まれたらなるべく早くに戸籍を作り、養育義務者である父母を決めて「身分を安定」させることが子の福祉にかなうとの判断からだ。

提出忘れ、記入漏れ等不手際があり、一四日以内という提出期限を越えた場合は、提出した市区町村や法務局の聞き取り等が行なわれる。

提出期限を過ぎた出生届を受けとった場合、当該市区町村の長は簡易裁判所に通知する必要がある。これを「失期通知」といい戸籍法第一三五条「正当な理由がなくて期間内にすべき届出又は申請をしない者は、五万円以下の過料に処する」という定めにより、過料を徴収される可能性もある。

父母が出生届を出す意思がありながらも、それに至ることができない事情を抱えている場合は、後述するような調停・裁判という司法の手続きを経てその事情を排除した後に、出生届を提出することになる。当然ながら一四日以内には提出できず、早くても出生より三カ月〜一年、時にはそれ以上の月日がかかる。そうしたケースは年間三〇〇〇件あるが、当然ながら、その子どもたちは調停・裁判が決着するまでは無戸籍となる。

限定される「届出義務者」

出生届の提出は、通常の場合はさほど難しいことではない。しかし、「恒常的に」「一定数」それができない人々がいるからこそ「無戸籍問題」が生じる。

その原因は第2章で詳しくみるが、数的に最も多いのは、前述のように父を定めるために調停・裁判が必要なケースで、出生届の記入欄に真実の父を書くと受付けてもらえない場合だ。この場合は、親には届出の意思があり、主体的に解決に当たろうとしているが、前夫等、法律上の父とされる人物にコンタクトを取ることに著しい困難を抱えていることが多い。

出生届には「届出義務者」の規定がある。

その欄を見てみよう。
□1. 父　□母　□2. 法定代理人　□3. 同居者　□4. 医師
□5. 助産師　□6. その他の立会者　□7. 公設所の長
こうした□にチェック(レ)を入れるようになっている。

届出義務者の前の数字は届出義務者の順位である。

第一順位として父・母、父母が届出できないときは第二順位としてその法定代理人、第三順位として同居者、四番目は医師、五番目は助産師、六番目はその他の出産に立ち会った者、最後は公設所の長等、である。第一順位の父母が提出する以外、第二順位以下に関しては特別な事情がある場合を除いては簡単には受理されず、ましてや出生者本人は、出産時の事情を知る由もないので、自分の出生届を出す行為者とはなれない。

出生届にはその他にも記載事項があるが、職業等については「人口動態調査」に使う、いわば「アンケート」である。

よもやこうした公的届出用紙の中にアンケートが含まれているとは、多くの日本人は思ってもみないだろうが事実である。ちなみに人口動態調査とは、一八九八(明治三一)年戸籍法が改正され、戸籍という登録制度が法体系的にも整備された翌年、近代的な人口動態統計制度として確立したものだ。戦後も、一九四七(昭和二二)年六月に「統計法」として指定、二〇〇九(平成二一)年四月からは、新統計法に基づく国の基幹統計調査ともなっている。人口動態調査は出生届だけではなく、婚姻届、離婚届他、身分事項に関わる公的書類には必ず何らかの質問事項が入っている。

無戸籍となる約七割は、届出義務者である親には出生届を提出する意思があるにもかかわらず、出すには至らないケースだ。残りの三割は、近年では虐待事例等が増え、届出義務者がその意思を持たなかったり、また自宅出産等で出産を証明するものを持たなかったり、また出生証明書を紛失したりなどで、親による届出が期待できない事情を抱える。ある程度成長した子どもたちは戸籍を持たない不便さを訴えて、自らが手続きをしようと奔走する。しかし、かれらはどんなに望んでも自らの出生届を提出することはできない。戸籍法上届出義務者に指定されていないからだ。結果、最終的には届出義務者である親との折衝が必要となり、複雑な家族関係、親子関係自体が「壁」となって出生届は提出されないまま、無戸籍状態が継続していくという結果を生み出しているのだ。

3 「無戸籍者」が「戸籍」を得る方法

さて、無戸籍者である者、もしくはその親たちが子の戸籍を取得するにはどうしたらよいのだろう。

「法テラス」という名の借金

今まで見てきたような壁を乗り越えるためには、必ず調停・裁判を経なければならない。「調停」「裁判」というのは、単に役所に出生届を提出するだけではない。まずは「子の父は推定される父ではない」という証拠を集め、書面を作り、法律の推定を覆すだけの論拠を固めなければならない。その全てを本人だけでできれば出訴費用は数千円で済むが、そこにかかる時間と労力は膨大なものだ。それが難しい場合は法の専門家である司法書士や弁護士との契約が必要になる。裁判費用は内容にもよるが、通常、約三〇万円〜五〇万円かかる。DNA鑑定費用、交通費等はさらに別途必要だ。

無戸籍関連の調停・裁判を、自力で乗り切れる人々はそう多くない。裁判扶助制度の「法テラス」を利用することもできるが、戸籍がないから調停・裁判をやろうとしているのに「戸籍謄本を持って来て」と指示されたり、弁護士等にとっても手続きが煩雑で時間がかかるために、家族法の専門家であっても法テラスの仕事を受けない、といった人もいる。また、立て替え制度であるために、調停・裁判時はよくても、当事者にとっては結果的には「借金」となる。貧困や暴力の狭間で苦しんでいる人々にとって、さらにリスクをかかえることになるのだ。

「前夫」の嫡出推定を外す方法

出生届を出せないいちばんの理由は、民法七七二条の規定による「父の推定」、つまり父の欄に求められる記載が、事実と違う、もしくは事実でないことを確認する司法手続きの過程で、著しい不利益が子と子の母他に降りかかるおそれがあるからである。

また、まれにだが、実際の父は前夫で、事実関係は間違っていないものの届出を出すことで、居場所が知られたり、子どもの存在が知れること自体に恐れを抱いて、出生届が未了となるケースもある。

これらの調停・裁判は、なぜそれほどに過酷なのであろうか。いったん母の夫、もしくは前夫に及んだ「父の推定」を外すのはそんなに大変なことなのだろうか。

家庭裁判所で父の推定を覆す司法手続きには大きく分けて三つの種類がある。

①嫡出否認

明治民法制定時より、分娩の事実をもって明確に親子関係が示される母子関係と違って、

「子の父親は誰か」ということを判断するのは難しい問題とされてきた。そこで当時のフランス民法に倣い、通常、母が婚姻している場合にはその夫が父である蓋然性が高いとして「妻が婚姻中に懐胎した子は夫の子と推定する」という「嫡出推定規定」が設けられた。

しかし、実際には、推定される父子関係が事実と異なることもあり、その場合、夫がこの推定を否定する機会がなければいかにも理不尽である。そこで、「夫は、子が嫡出であることを否認することができる」という嫡出否認権の規定が設けられた。これが民法七七四条である。

ただし、出訴期間は「子の出生を知ってから一年以内」とされる。一定期間父子として安定した暮らしを行なってから、血縁がないことを知って父子関係を覆すのは、子の成長にとって不利益をもたらすとの考えからだがＤＮＡの発見、発達等により、昨今ではこうした父子関係をめぐる裁判が相次いでいる。

②親子関係不存在

婚姻中又は離婚後三〇〇日以内に生まれた子であっても、夫が長期の海外出張、受刑、別居等で子の母と性的交渉がなかった場合など、妻が夫の子どもを妊娠する可能性がない場合は、家庭裁判所に「親子関係不存在確認」の調停の申立てができる。

前夫から子に対して自分の子ではないと訴える「嫡出否認の訴え」も、子や母、または事実上の夫の側から、前夫に対して「この子はあなたの子ではありませんね」という確認をする「親子関係不存在確認の訴え」も、いずれも、前夫の協力がなければ実現しない。そして、たとえ希望通りに審判や判決がおりても、「〇〇との嫡出否認調停の審判確定により」と戸籍には前夫の名前が残る。

二〇〇〇年代前半に無戸籍問題が問題視されたのは、当時はこの二つの方法しか、実質認められていなかったからである。だが、二〇〇三年神戸地裁尼崎支部で出た判決がきっかけで、新たな方法が最高裁のHP等で周知されることになった。それが、私が闘い勝訴した「認知」という方法である。

画期的先例　神戸地裁尼崎支部の判決

③認知

従前から、妊娠時期に夫が海外に渡航していたり、収監されていたり、夫との懐胎の蓋然性が失われている場合に関しては、前夫の関与なく、子の事実上の父に「認知」が求められるとされてきた。

一九六九(昭和四四)年の最高裁判決は「事実上の離婚が法的離婚に先行してあり、単に届出が遅れただけであるならば、嫡出推定の及ばない子となり、事実上の父に認知を求めることができる」とした。この判例をもとに作られたのが、先ほども挙げた二〇〇三(平成一五)年一一月の神戸地裁尼崎支部の私自身の判決である。

多くの人々にとって「戸籍があること」はあたりまえである。それが「ない」人たちがいること、その人たちがどんな暮らしを送っているかなど想像もつかないだろう。私もそうだった。無戸籍になる理由はさまざまだが、そこに陥るのは突然で簡単な話だと体験してみてつくづく思う。

私は最初の結婚で三人の子どもを生み、その後に離婚をした。離婚調停に時間がかかり、この間の別居期間はかなり長い。

ようやく離婚が成立し、ほどなく現在の夫との間に四人目の子どもを授かった。しかし、息子の出生届はいったん受理された後に異議が唱えられ、結果的に彼は「無戸籍」となった。法的離婚後に懐胎したことは明らかだというのに、早産気味で二六五日目で生まれたからだった。

市役所の指導は当初「前夫を父とした出生届を出して戸籍を作る」というものだった。子の出生にまったく関わりのない人物の名を書くことにも違和感があったし、何より受け入れ難かったのは、この国では離婚した後に懐胎した場合も子の父親は前夫と推定される、つまり、女性は離婚後も一定期間は前夫と性的交渉があるとされるという薄気味悪さだった。言い換えれば、離婚した後、一カ月以上も前夫の性的拘束下にあらねばならない、ということではないか。

納得がいかなかった私は、芦屋市と国を相手にした出生届不受理不服の調停・裁判、芦屋市長、国会の法務委員への働きかけ他、ありとあらゆることをやった。そんな中で思わぬ偶然の巡り合わせが起こる。法務省民事局長に直談判する機会を得たのだ。

家事事件（家庭内の紛争などの家庭に関する事件）の判例をいろいろ調べていたら、現夫を相手取った認知調停を起こして、子どもを認知させるという「認知調停」という方法があることがわかった。前夫の子ではないことと、現夫の子であることの立証が必要となるが、この方法なら少なくとも前夫は調停・裁判の当事者にはならなくてすむ。

前夫が刑務所にいたとか海外にいたというような事情がある場合の措置である。しかし私の場合は、現夫が自ら市役所に出生届を出している以上、それ自体が認知行為とみなされるため、私が現夫を訴える利益がなく、認知調停を起こせるのかどうか、それすらわからなかった。

私は民事局長に向かって、率直に自分が最後の手段として考えついた実の父親に対する、しかも否定をしていない者に対して「認知調停」という形が取れるものかと聞いた。

局長は法務省の官僚たちに、「君たちできると思う？」と聞いた。

官僚たちの手にはそれぞれ分厚い六法全書があった。局長の号令に、凄まじい勢いで一斉に六法をめくる。ページがめくれる音が収まった瞬間、局長は再び聞いた。

「君たち、できると思うか？」

全員、答えは同じだった。「できます」。

それまで民法七七二条がらみで嫡出推定が係っている前夫抜きで、事実上の父に対して認知調停ができるのは、妊娠時に前夫が海外滞在中とか収監中などのケースに限られていた。たとえ別居中でも国内にいる場合は「接触がなかったとは完全に言えない」として、認知調停はできなかったのである。

「私たちだってもちろん民法七七二条については完全じゃないことはわかってるんですよ。でも法律を変えるためにはそれなりの国民の声と、さまざまな判例が必要です。平和な家庭の中で便宜上争いを起こして、夫を「被告」にしないと父になれないなんておかしい。法務省の役人は皆リーガルマインドがあります。もし七七二条で認知調停が一般化されたら、役人たちも黙っていないでしょう。変えなければという意識になります。私見ですけど、法改正をするまでもなく、離婚届に「離婚後生まれる子は自分の子ではない、嫡出否認する」というチェック欄を設ければいいだけなんですけどね。それは今でも法改正なくしてできますから」

こうして法務省のお墨付きをもらい、意気揚々と調停を申立てたものの、不成立になる。

「初の判例になるため、裁判にするべき事件」と判断されたのだ。

こうして「勝訴」に至ったのだが、敗訴側も喜ぶ、そして誰もが納得する奇妙な瞬間だった。

この判決が画期的だった点は、それまでは別居等の事実があっても前夫に出廷を求め、確認しなければ認められなかったところを、事実上の父への認知調停を用いて、前夫抜きで事実上親子関係不存在を先回りして確定し、その後認知を認めるという方法をとったことである。

また、前述の法務省民事局長の発言通り、本来であれば調停・裁判は、提訴された内容を否認しているからこそ訴えられるわけだが、ことこうした無戸籍問題に関して言えば、父であることを否定していない事実上の父に対して「便宜上」裁判を起こす方法がとられている、というのも特筆すべき点である。

一方で、子の父母が既に再婚し平和な家庭を築いていたとしても、父を「相手方」もしくは「被告」にしなければ事実に基づいた正確な戸籍を作ることができないという点では理不尽でもあるが、それでも前夫に連絡を取る必要がない、また前夫の名前が戸籍に記載されないことは、「離婚後三〇〇日問題」の対象者たちにとっては福音ともいえる画期的判例だった。

事実、最高裁のHPで周知されてからの嫡出否認と親子関係不存在、認知調停数の推移を見ると、この方法が周知した二〇〇七年以降、明らかに認知が増え嫡出否認や親子関係不存在確認の訴えが顕著に減っていることは、前夫の関与が無戸籍解決に関する大きな壁であったことが、あらためて浮き彫りとなる。

ただ、家庭裁判所によって手続きや審議過程にかなりのばらつきがある。裁判に関しては最終的には裁判官の判断ではあるが、ほとんど同じような内容であっても「嫡出推定を覆すことは「認知」ではできない」と言われたり、DNA鑑定の採用についても、裁判所や裁判官、調査官等によって対応にかなりの違いがあるのは事実である。これでは国民の司法に対する信頼性を損なう危険もある。最高裁は、こうした指摘に対して、HPでの周知や裁判官等の研修等も行なっているが、実際には最高裁のHPで周知され始めてから一〇年余り経過した現在でも、手続き自体を躊躇する裁判所、裁判官が存在する。「裁判の独立性」の名の下に、「どの裁判官と出会えるかという偶然」が、子どもたちの戸籍を得ることができるか否かを左右してしまっているのが現状でもある。

就籍　親がいない場合の手続き

これまで見てきた三つの手続きは、基本的には出生届の届出義務者、親がいる場合である。親がいない場合は、もしくは行方知れずで連絡をとることができない場合はどうしたらよいのだろうか。

④就籍

出生届がなされないうちに父母ともに死亡、もしくは所在不明となったために、出生届がなされないというケースは発生し得る。そして、それは時に長期に至る。

このような場合「就籍許可申立」という手続きを家庭裁判所でとる。就籍とは出生届の届出義務者が存在しない場合、もしくは本籍地が不明等の事情があるときに、無戸籍当事者自らが戸籍をとる手続きで、近年では第二次世界大戦後、本籍地を失った南樺太在住者等に対して行なわれた。

昭和四〇年代に入ると、旧樺太関係の就籍は落ち着いたものの、その後も一定数を維持し続ける。通常、学校に通っていれば小・中学校の卒業証明書や、その他本人であることを証明するに足る証拠を添付して就籍の許可を求める。その際、親の氏名や本籍が判明している場合はその通り記載されるが、判明しない場合は両親の氏名、年齢等を不詳として就籍戸籍が編製される。

「就籍許可」を得て戸籍を作ったものの、後に届出義務者が存在したことがわかった場合は、子の年齢の如何を問わず、通常の出生届を出し直して、就籍で得た戸籍は抹消となる。

ただ、この就籍という手続きのハードルが高く、あくまで個別ケースの判断となるため、親が不明である当事者にとっては資料を集める術もなく、親が日本国籍であったことの証明も難しい。となると、当事者の記憶とそれに基づいた自分の出生関係、親族関係をめぐる的確な証明資料、居住地等の客観的事象の積み重ねを求められるが、それが難しい。そもそも、なぜ無戸籍に至ったのかという理由を考えれば、親には生まれた子の痕跡すら残さず生きていかなければならなかった背景があるわけで、書類等が残っているはずもないのだ。当然、裁判は過酷をきわめる。司法統計をみれば、ここ五年の就籍許可の審判の推移は以下の通りである。

①申立件数、②認容件数及び③却下件数の順であるが、それぞれの数に相関が見られないのは、年を跨いで、決定が下される他の事情があるからである。

平成二三年　①一八六件　②一一六件　③二四件
平成二四年　①一九〇件　②一〇五件　③一八件
平成二五年　①二〇九件　②一三七件　③二七件
平成二六年　①一五六件　②一一〇件　③二一件
平成二七年　①一六〇件　②　九四件　③一六件

戸籍を偽装して得ようとする事案もなくはないであろうが、法務省は裁判所で却下されたケースについて、なぜそうした結果に至ったかの統計の把握も、却下された「日本人とも言えない人々」に対して国外退去を求めるわけでもなく、曖昧な扱いのまま、言葉は悪いが国内に留めて「飼い殺し」しているのである。

調停・裁判を経ずに戸籍を得る方法

さて、出生届の届出義務者である父や母がいない、いわゆる「捨て子」の場合はどうやって戸籍を得るのであろうか。

就学前の年齢だった場合は、戸籍法第五七条に基づいて「棄児」として扱われ、就籍の手続きによってではなく「棄児発見調書」に基づいて、発見された場所の市長が名前を付けて戸籍が創設される。調停も裁判もいらない。

棄児の場合は父母が日本人なのかも判明しない。また、その子が既に別のどこかで出生届が出されている可能性は排除されないが、日本国内で発見されたという理由で、たとえ資料がなくても日本国籍を取得する。

棄児の場合、「血統主義」をとる日本において例外的に「出生地主義」をとる。人道的な観点からの施策とはいえ、だからこそ、年齢が就学前か後かで戸籍を得るに至るハードルの高さが相当に変わるというのはなかなか解せないところでもある。

成人無戸籍者の場合、まずは届出義務者である父母を見つけようと努力をするものの、未就学児と同様、連絡が途絶えていたり、生死が確認できない状態にあったり、そもそも記憶の中にある父母の氏名や本籍地が実在のものかどうかもわからない場合が往々にしてある。第二、第三の届出義務者に当たろうにも、時間の経過は過酷で、出産に立ち会った医師や助産師へのアクセスも容易ではない。たどり着けたとしても記憶も記録もない中で、出生届の右に付随する出生証明書を書くことはほぼ不可能である。また、自宅出産で母のみで出産に臨んだケースは出生日すらも誰も証明できない。

こうしたケースは前述の就籍の申立てを行なうものの、証拠が少なく、その信憑性も担保されないため、「却下」という結果に至る場合も少なくない。

就籍が却下された後の無戸籍者は一体誰で、どこの国の人だというのだろうか。「新たな事実」が出てくれば、その時点で就籍の申立てはできるというものの、成人無戸籍者の場合は新たな事実などそう簡単に出てくるはずもない。日本人であることが疑わしい、もしくは証明できないならば、なぜ次の行政手続を行なわないのだろうか。単純な疑問がわく。かれらはほとぼりがさめた後、申立書の年齢と文言を少し変えて、また就籍の申立てを出し続けるしかないのである。

個人にとっても、国にとってもこの時間は生産的なものなのだろうか?

4　無戸籍のまま生きるということ

誰も知らない

戦後の混乱期他を除き、出生届が出されていない無戸籍児の存在が顕在化し、多くの人の知るところとなる契機となったのは一九八八年に発覚した「巣鴨子ども置き去り事件」である。

この事件は父親が蒸発後、母親は四人の子どもたちを育てていたが、恋人と暮らすために幼いきょうだいの世話を長男に任せ家を出たことから始まる。母親は生活費として毎月数万円を送金し、時折様子を見に来ていたが、それも途絶えがちになり、子どもたちだけで暮らしていることを知ったアパートの大家が警察に通報。調査の中で二歳の三女が一四歳の長男の友だちに折檻されて死亡、遺体は雑木林に捨てられていたことが発覚し、アパートからはこの妹以外にも生まれて間もなく亡くなった子どもが白骨化して発見された、という痛ましい事件である。

さらに衝撃だったのは二歳から一四歳のきょうだいたちは、いずれも出生届が出されておらず無戸籍だった、ということだ。

二〇〇四年、是枝裕和監督はこの事件をもとに『誰も知らない』という映画を制作し、カンヌ映画祭他国内外の映画賞を多数獲得している。行政の手も、学校も、近所の目すら入らない、まさに「誰も知らない」状態で育つ無戸籍児たち。子どもたちの幼さに比して過酷な生活状況は、映像化されてさらに社会に衝撃を与えた。

こうした「親の住居が定まらず、貧困他の事情もあり、出産しても出生届を出すことまで意識が至らないか意図的に登録を避けるケース」の相談は減るどころか増加している。子どもたちはまさに「誰も知らない」状況で生き、「自分で自分を証明できないこと」に葛藤を抱きながら暮らしているのである。

背景にあるのは「親の離婚」「貧困」「暴力」「虐待」等々。これらが複合的、重層的に絡みながら、かれらを追いつめる。学校や地域という枠からこぼれている上に、最後の砦のはずの役所や国に登録さえされていない。確かに存在しているにもかかわらず、「いないもの」として扱われ、ほとんど誰にも知られず、閉鎖的な空間の中で育つ子どもたちは、「自分は誰か」という問いに、おそらく誰よりも早く対峙しなければならない。

「巣鴨子ども置き去り事件」から三〇年が経つ。果たして状況はよくなっているのだろうか。

そして、無戸籍者が「無戸籍であることの不利益」をもっとも強く被るのは、実は学齢期ではない。成人近くになり自立しようと思った時から苦悩が始まる。戸籍がなければ基本的には住民票もないため、給与の振込先の銀行口座を開設することもできず、携帯電話の契約もマンションやアパートを借りることもできない。こうしてかれらは「誰かに頼む」か「誰かになりすます」しか生きる術がない状況に追い込まれるのだ。

それでも二〇〇〇年代初期まではまだよかったと、かれらは口々に言う。ここ数年で職場等での身元の確認や公的証明書の提出が求められるようになり、より働く場所に窮するようになってきている。住民票すらない中では今やマイナンバーも得られず、一般企業で働くことには制限が出る。当然、ブラック企業やアンダーグラウンドの仕事場がかれらを吸収していく。しかし、「非人間的」な扱いを受けても抵抗できない。「登録されない」、つまり無戸籍とはそういうことなのだ。

戸籍がない　市役所で知った事実

平良亮司は一九七八年七月生まれ。二〇一七年まで実に三九年間戸籍がなかった。最初に戸籍がないことを知ったのは一六歳の時だ。バイクの中型免許を取ろうと住民票をとりに市役所に行った。

「戸籍が、ない？　どういうことですか？」

職員から、戸籍も住民票も見当たらないと言われ、意味がわからなかった。父母の名前を聞かれ答えると、父の戸籍謄本をみせて説明された。父の戸籍はあるが、そこには母も自分も弟の戸籍もなかった。

一体何が起こっているのだろうか。頭が混乱する。さらに母の旧姓を聞かれた。旧姓で母の戸籍はあった。しかし、そこにも亮司や弟の戸籍は見当たらなかった。

両親が結婚していないこともそこで初めて知り愕然とする。なぜ伝えてくれていなかったのか。自分や弟は隠さなければならない存在だったのだろうか。

帰宅して母に聞くと「今、裁判所で手続きをしているから、すぐできる。待ってね」と言われたが、まったく納得がいかなかった。

「戸籍がない」のは、在日コリアンか何かの事情があるのだろうか。もしかして捨て子だったのかと思いつめることもあった。しかし、捨て子であったとしても、何らかの「自分を証明するもの」はあるはずだ。それがない自分は一体、何者なのだろうか。小学校、中学校も普通に通っていた。あとから母が学校と掛け合ったことを知ったが、その日までは自分は「普通」だと思って生きて来た。

しかし、当初「戸籍がない」ことがどれほど大変なことか、十分には理解できていなかった。子どもの頃は風邪を引いたりけがをすると、普通に病院に行っていた。保険証はないから、母が全額実費でお金を出していたのだが、それを知る由もない。

戸籍がないことを知ってしばらくした一七歳の時に友人のバイクの後ろに乗っていてあごを骨折する事故に遭った。既に実家を飛び出していたため親に頼る訳にもいかず、健康保険がないので病院に行くことができなかった。放置していたら、翌日になって顔が異様に腫れて、慌てて病院に行ったところ入院、手術をしなければならないと診断され、費用は到底払えないと、そのまま放置せざるを得なかった。

好きな女性ができても戸籍がなければ結婚することもできないと思い込んでいた。二〇代前半と、後半にそれぞれ三年間交際した女性がいたが、無戸籍が原因で別れた。

型枠大工をしながら職を転々としてきたが、現場では作業主任者、安全管理者、安全衛生責任者、一級型枠施工技能士等の資格が必要だ。資格証がないことが明らかになって首を切られ、それまで働いた分の報酬をもらえないこともあった。

また、大きな現場は身分証がなければセキュリティの関係上現場に入れない。自分を証明するものを持たないために足止めを食らう。現場責任者に仕事の関係者が事情を説明してくれたが、結局かなわなかった。

建設業許可業者は全員社会保険に加入しなければならなくなり、元請会社は社会保険未加入の下請業者と契約しない、また未加入の作業員を現場に入れないので、いよいよ戸籍がないことで仕事がなくなるという恐怖に、自分も弟もさらされた。

もちろん、それまでも市役所や法務局に通って、指導通りに家庭裁判所で「就籍」の申立てもしたが、実現せず、もはや万策尽き果てたところで、母が以前テレビで見た支援団体に連絡をして、私と出会うこととなったのである。

当事者の手記

戸籍ができて、亮司はその心境をSNSに綴った。無戸籍であるとはどういうことか、当事者の言葉をそのまま引用したい。

五体満足、心身共になに不自由ない。

しかし、無戸籍という、目に見えない障害があった。

本当に、本当に苦しい。

戸籍ができてからも、なお苦しい。

入学手続きをし、小、中学校は行けた。

その時点で、役所や法務局は無戸籍児がいる、と発覚し認知している。

学校へ行けるようにしたから良し、ではなくその時点で将来必ず困るのがわかっているのだからどうにかならなかったのか？

百歩譲って、おれが年相応になり自分で就籍手続きに行った時に、同じ市の、小、中学校へ通ったにも関わらず、また一から説明しなければならないとはどういう事なのか？

法律相談所にて、自治体が〜、とあるが、法務局、家庭裁判所、市役所は、たらい回しにされたり、担当が変わりました、と言って前担当からなにも引き継いでおらずまた一からやりなおし、と、全く進展しないまま人生にて就職、免許取得、結婚等一番変動することがある一八から三八までの二〇年間もの人生をなにも出来ずに過ごして行った。

やらなかった、のではなく、やれない、最初からオレにはチャンスが与えられなかった。

一八歳、皆、就職し、普通免許を取り、カッコイイ車を買い、遊び回るのをどんな思いで見ていたか。

部屋、携帯、生活に身分証がいるものは全て親名義。

まともな企業に勤められるはずもなく、無戸籍と説明すれば偏見され、職場を転々とするしかなかった。

骨折しようが、なんだろうが、医療費は全額実費、何十万も払えるはずもなく、緊急入院、手術が必要、と言われた大怪我のときも、自然治癒。

最初に結婚したい、と思い二年半同棲した女性の父親に事情を話したら、そんな人に娘はあずけられない、と。

その女性も、一緒に住んでいながらいきなり駆け落ちされた。

帰っても来ず、連絡も取れず、一週間後に電話がきて、他の人と結婚しました、と。

次に愛した女性が、たまたま外国人、オレの子を産んだ。

しかし結婚する事が出来ない。

彼女のビザがきれた。

オーバーステイで残っていたが、捕まり強制送還に。

今は親名義で生活できている。

親がいなくなったら。

ホームレスしかない。

過去も、今も、未来も、絶望的。
おれは、この世界に存在していなかった。
人権もなにもなかった。
心無い事を言ってくれた人達に聞きたい。
なにもしない、のではなく、できない、と言う苦しみが解りませんか？
愛する人達と引き裂かれるツラさが解りませんか？
わからないから言うんだろう、そういう人こそ、自分がそうなってみたら良いのに。
所詮、仲間といっても他人事、目に見えるような障害者にも同じ事がいえますか？
こんな人生だったので、鬱状態です。
悔しい。おれは何もしていないのに。
何から何まで手に入れられなかった。
この社会問題を、行政窓口で救済できる制度が絶対に必要だ。

無戸籍と住民票　異なる目的

自治体の福祉サービスは住民票が主体となるから、実は無戸籍でも住民票を持っていればかなりの部分で不都合は解消される。健康保険、就学、選挙権他は住民基本台帳に記載されてさえいれば、戸籍がない事情をいちいち伝えなくても、自動的に福祉サービスが受けられる。住民票と戸籍は本来、目的を異にする制度である。住民票はあくまで居所の証明で、住民登録は市区町村内に住所を持つものだけが「住民」として登録されるシステムだ。

一方の戸籍は登録の本籍地に居住実態は関係ない。皇居や富士山、どこでもいい。つまり「属地的登録」が住民票で、「属人的登録」が戸籍となる。

ところが問題は、「住民票は戸籍をもとにして作られる」というところにある。つまり「属人的登録」をしないと「属地的登録」もできないようになっているため、戸籍がなければ住民登録もできないのである。

一九八〇年代に関西において無戸籍で住民票をとる運動があり、自治体によっては住民票の作成に至っていたが、その時、当事者との間で約束していた早期の戸籍取得への努力がなされていないと判断されたこともあり、当該自治体ではその後新たな無戸籍者が相談に行っても、住民票の作成はかたくななまでに拒絶されていた。

当然ながら、住民登録ができなければ、生活の至るところで不都合が起きる。二〇〇六〜〇七年には未熟児で生まれた子どもや、就学通知が来ず学習の機会を逃した無戸籍者たちの生活の一端が報道される中、自治体窓口でどう扱うかをめぐって自治体間の格差や窓口対応への批判も起きた。こうした状況に呼応して、二〇〇八(平成二〇)年七月、総務省自治行政局市町村課長は「出生届の提出に至らない子に係る住民票の記載について」という通知を出す。「記載の正確性の確保及び二重登録の防止などの観点から、戸籍と住民票は、本来、相互の連携・一致が基本であり、(中略)戸籍法に基づく出生届の受理が必要である」との前提を示しつつ、民法七七二条の嫡出推定の関係上、出生届の提出に至らない子に対しての基本的な考え方を示し、同年九月には事務取扱要綱が出され、以下のような基準が示された。

①出生証明書、母に係る戸籍謄抄本等により、子が日本国籍を有することが明らかであること

②民法第七七二条の規定に基づく嫡出推定が働くことに関連して、出生届の提出に至らず戸籍の記載が行なわれない者について、認知調停手続など外形的に戸籍の記載のための手続が進められている場合であって、将来的に子に対する戸籍の記載が行なわれる蓋然性が高いと認められるもの

これにより、市区町村長の判断により、無戸籍者たちの住民票記載が可能になった。以降、民法七七二条ケースに関しては住民票を取れるケースが格段に増え、無戸籍であることの不利益はかなりの部分で解消されたが、一方で民法七七二条以外の無戸籍者に関しては対象になるケースが限られたり、また調停・裁判ができない無戸籍者については相変わらず住民登録ができない等の問題も取り残されている。

ただ、住民票がなければ何もできないというのかといえば、実はそうではない。福祉サービ

スの面を見てみよう。

さまざまな福祉サービスと戸籍

①国民健康保険

厚労省が管轄する国民健康保険。二〇〇七(平成一九)年三月に出された厚生労働省保険局国民健康保険課からの文書で、「受給資格については住民基本台帳への記載の有無は住所の認定にあたって有力な根拠ではあるものの、記載がないことのみを以て被保険者資格の有無を判断すべきではなく、事実の調査により確定するべき」旨を、一九五九(昭和三四)年一月の厚生省保険局長通達を引き合いに出しながら通知している。逆に言えば戦後十数年が経った時点でも住民票を持たない無戸籍者の社会保障について、問題とされていたということでもある。

このように、無戸籍であろうが住民票がなかろうが、国民健康保険には加入できる。しかしながら、再度、この通知が出る二〇〇七年段階まで、この事実は自治体の窓口で周知・共有されていなかった。

企業等の社会保険は実態主義のため、住民票等が添付されなくとも、出生届の写しで加入することができていたが、国民健康保険については窓口で拒絶されることが多く、この通知が約五〇年ぶりに再び出た意味は大きかった。

国民健康保険に加入し保険証を得ることは、無戸籍の人々にとって特別の意味がある。保険証は「公的身分証」として使用可能だからだ。

ただ、その公的身分証を得て喜んだ瞬間に、多くの無戸籍者は愕然とする。過去三年分に遡って保険料が請求されるのだ。

さっきまで「資格がない」と言っていた職員は「保険は相互扶助のシステムだから、使っていなくとも払うのが当然」としたり顔で言い、取り立て屋のようになる。

無戸籍者たちはその豹変ぶりと、請求書を見て大いに戸惑う。

何度も役所に行くものの、その都度差別的扱いを受けたと感じている無戸籍者たちは、戸籍がないからそうしたぞんざいな対応をされたと思っている。上から目線で下に見つづけられてきたとの悔しさや情けなさが、ひょんなところで出る。

一例を挙げよう。三〇代後半の男性無戸籍者は保険証を作る段階で、「なめられたくなかった」と実際の収入より多く年収二五〇万と申告した。その自治体の保険料の計算式では一年間の保険料は約一五万円、それを三年分となれば四五万円だ。職員はこれを期日までに払うよう促した上で、払えない場合は滞納金を払うことにもなり、さらには差し押さえをすると淡々と、しかし半ば脅しのように強い口調で言った。

保険料の徴収という点では正しい行為であっても、無戸籍者は意図的に滞納したわけではない。相談に行っても、その自治体では健康保険証を作ってくれなかった。それなのに、できた途端にこの対応はどうであろうか。

加えて驚くのは、過去の保険料の算定根拠である。収入に関しても源泉徴収票等がない無戸籍者も多いため、基本的には自己申告ベースで判断がされる。かれらの証言については担保もない。源泉徴収票も確定申告の写しも何もない。ただ「言いっぱなし」の金額を算定根拠にしているのである。

結局このケースに関しては、その後のことも考えて確定申告等を行い、算定額を改めてもらった。年間一五万円は八〇〇〇円に下がった。三年間では四二万六〇〇〇円の差となる。

こうした例に打ち当たるたびに、いくら制度を作っても、自治体職員等の無理解が、無戸籍者の暮らしの致命的阻害要因になっているという現実に、ため息が出る。

②児童手当、児童扶養手当、母子健康手帳等法施策

厚生労働省が管轄するこれらの医療福祉分野は、健康保険同様、戸籍や住民票の記載がなくても受けとれる。しかし、私も何度も交渉したが、実際には役所に申請してスムーズに通じるケースは皆無だ。役所で働く現場の人には戸籍および住民票不要の通知が伝わっていない。母子手帳の交付を断られたケースもあり、母子手帳がなければ病院での出産予約もできないと、泣きながら電話相談がきたこともあった。

無戸籍のまま成長し、出産に至る女性たちは意外に多い。しかしこうした通知があるにもかかわらず、かれらへのサポートは十分ではない。徹底されていないのは、各役所の意識によるところも大きいが、役所の中での人事異動による伝達の不徹底や職員の無知等の単純な理由であるところに、脱力する思いである。

③保育所・就学

就学についても、戸籍がなければ義務教育を受けられないという規定があるわけではない。外国人も含め、戸籍や住民票がなくても指導要録(旧学籍簿)に記載されることで就学の機会を得ることができる。

また義務教育を受けることなく、対象となるべき年齢を越した無戸籍者に関しても、文部科学省は二〇一六年六月に「小学校等の課程を修了していない者の中学校等入学に関する取扱いについて」という通知を出し、就学が可能となった。この通知により私が支援している三〇代の二人の無戸籍者が当該地区の中学に編入学し、卒業。引き続き高校に進学したり、専門学校に進んで学びを継続している。

この就学支援の取り組みは、前文部科学事務次官(二〇一六年六月〜二〇一七年一月)前川喜平が次官就任直後、若い文部科学省の官僚たちによって押し進められた。かれらは国会での「無戸籍問題を考える議員連盟」の会合での当事者ヒアリングを聞き、就学の機会を奪われた無戸籍者たちのつらさに理解を示し、新しい政策へとつなげた。

未就学の無戸籍者たちは地域の中学校に在籍しながら、不登校児と同じように空き教室や時には地域の他の施設で個別指導を受ける。学びの進捗状況は個々人の力を見ながらである。また無戸籍者の傾向として、漢字を含む国語的能力や社会科的知識は問題ないが、「計算」能力、九九や分数については不十分で、この分野が初等教育を学校で受けることの効果の一つであると実感する。

就学した三〇代女性は社会科の授業でどんなことを学びたいかと聞かれて、「日本国憲法」と即答した。

「みんなが「憲法」、「憲法」というけど、それが何かを知りたくて」

授業で学んだのは「すべての国民は学ぶ権利がある」ということだった。

「そう思うと、やっぱり戸籍がないというのは、国民じゃないということなんだと思います」

理屈では戸籍がない日本人は存在する。しかしながら「無戸籍の日本人」は「戸籍のある日本人」と比して、同等の権利・義務にアクセスする機会はかなり限られる。それをかれらだけの知識や努力不足とすることには違和感を持つ。そのことを実感する言葉である。

④生活保護

生活保護は外国人でも要件さえあえば支給されるため、無戸籍でも受けることができる。

「戸籍」や「住民票」といった自分を証明する書類が整わなくとも、受給は可能で、福祉サービスのなかでは最も手続きが簡素だともいえる。

就職、結婚の壁

一方で、無戸籍のまま就職することは、かなり厳しいと言わざるを得ない。

今はアルバイトをするにしてもマイナンバーカードや身分証の提示を求められる。住民票を持たない無戸籍者はマイナンバーカードがない。となると、一般の日本人が選択するであろう就職先を選ぶことは最初からできない。

マイナンバーカード導入以前は、介護施設等、人手不足の業界では理由を話し、理解してもらった上で雇用してもらう、ということが可能だったが、今はそれも厳しくなっている。それなら国籍条項や学歴等が関係ない司法書士等の資格取得を目指すかとなるが、せっかく資格を取得しても、個人の銀行口座すら作れない状況では起業等がうまくいく保証もない。

しかし、それでも働かなければ生きてはいけないから、おのずと過酷な条件で長時間、いわゆるブラック企業、ブラックバイトに甘んじなければならなくなる。職業選択は単に日々の糧を得るだけではなく、人間関係や技術を学ぶ場でもあるが、はたしてその積み重ねが十分にできるだろうか。特に就学機会も得ていないかれらには何らかの支援策が必要である。

また、無戸籍でも婚姻することは可能である。

私が支援した無戸籍者たちの中では幾人かは無戸籍のまま婚姻した。ただし、その過程は戸籍を得る過程と同等、もしくはそれ以上に困難をきわめる。

婚姻するのに際し、無戸籍者本人の性別の確認できるもの(出生証明書等)や、母または父他によるなぜ無戸籍だったのか等についての陳述書等々、提出しなければならないものが多過ぎて大抵の人はあきらめてしまうであろうことは容易に想像できる。

実際、無戸籍者、そして婚姻しようとする相手方双方に婚姻の意思がありながらも結果的に婚姻できず、その後破綻に至るケースは無数にある。現実として婚姻は「両性の合意のみ」では成立しない。通常では求められない高度な法的知識と、そして根気が必要なのだ。

戦後、日本国憲法が成立し、民法改正に至る時にこの「両性の合意のみ」の一項にこだわった民法学者、我妻栄は、この現状を見てどう思うであろうかと、相談支援に入るたびに思う。

無戸籍の立候補者

無戸籍でも日本国民はいる。かれらは当然ながら参政権を保持している。

ただ、実際には戸籍ではなく住民票がなければその権利行使はできない。

参政権のうち、まず選挙権については、一般の人も同様だが選挙人名簿に登録されなければならない。選挙人名簿の登録は、三月、六月、九月及び一二月の年四回、それぞれ一日に行なわれ、各月の一日現在で引き続き三カ月以上その市区町村の住民基本台帳に記録されている満一八歳以上の日本国民が登録される。

住民票ができ、自治体の選挙人名簿に登録される基準日から三カ月遡っての居住要件が満たされれば、通常と同じように行使できる。

私が支援した無戸籍者たちのケースで言えば、住民票を得た一八歳以上の無戸籍者は全て選挙権行使の機会を得ている。調停・裁判中で、たとえ就籍で却下をされていた場合でも、だ。となると、いまだ日本国民か否かが判断つかない状況であっても、住民票があるということで主権者たる国民であると認めている、ということになる。

このあたりの認識についての総務省等の回答は「住民票を得た無戸籍者の選挙権等に対しては自治体から一度も照会があがってきたことがない。自治体で適正に運用されているものと認識している」ということである。

ただ、第6章の「日本の「非戸籍者」」でも述べるが、戸籍法では、住民票ができれば全員に選挙権があるとは考えていない。「当分の間停止をされる」人々がいるとしているのだ。ちなみに、天皇・皇族は選挙権を持たないが、戦後、参議院においては一時期皇族の選挙権を認めていた時期もある。

被選挙権、つまりは立候補する権利はどうであろうか。

日本では各種選挙によって立候補に関しての居住要件が違う。たとえば都道府県議会議員は、選挙区内もしくは外でも当該都道府県内での三カ月以上の居住が確認できないと立候補は不可能だ。おもしろいのは、立候補の基準日は、投票条件となる選挙人名簿の登録日ではなく、あくまで住民票の移動日である。

同じ都道府県でも知事の場合は居住要件がない。だからこそ「自治省の天下り」とも揶揄される官僚が落下傘で知事候補となれるのだ。これは明治以降の任命制の名残でもあろうが、元自治官僚の知事の多さを考えれば、現在も任命制に類似した状況をこうした制度が合法的に支えているともいえる。

国会議員に関しては日本国籍が確認できれば、日本中どこでも、それどころか海外在住者でも立候補は可能だ。二重国籍も関係ない。したがって、無戸籍者が選挙に出ることは何らかの資料で日本国籍が確認できれば国政、そして居住要件を満たした地方選挙でも可能、ということになる。無戸籍のまま立候補をする日本人が登場することもあり得るのである。

たちはだかる民法の壁

以上、無戸籍者たちを取り巻く社会保障等についてみてきた。

できることが意外なほど多くて、驚く読者もいるのではないだろうか。もしかすると無戸籍で生きることはそう大変ではないと感じるかもしれない。

しかし、制度的に「できる」と実際に「できる」は違う。機会を行使するためには幾重にも条件がつく。一つひとつ、一回一回が「交渉」となる。この「できる」を、役所の窓口では「できない」として行政指導される場合が実に多い。むしろそれが通常なのである。

特に学校教育を受けていない無戸籍者にとっては、役所の人間が言うことは「絶対」である。本人たちはその自覚がなくても、その一言に「できない」と思い込んでしまうケースが多い。

役所の窓口だけではない。国民にとっては正義を果たす最後の砦である裁判所ですら「担当者の違い」等により、「できる」ことが「できない」にされてしまう。宝くじを買うような「当たり外れ」が、公的な場所で現実に起こっているのである。

だからこそ、無戸籍者は一刻も早く戸籍を作りたいと願う。その思いで、行政に相談に行き、裁判所に向かう。

ところが「普通の人として生きたい」と戸籍を懇願するかれらを次に待ち受けるのは、本来はかれらを守るためにあるはずのもの、「民法」の壁、「法律」という壁なのである。

第２章　「法律」という壁

著者(右から２人目)をはじめとする無戸籍児の親が「民法 772 条による無戸籍児家族の会」を立ち上げた．東京都千代田区(2008 年 4 月 20 日，共同)

1　法に退けられる子どもたち

民法七七二条　嫡出推定

「法」とは国民の命と財産を守るためにあるはずだ。が、無戸籍者の場合、「法」によって生活が守られるどころか、その「法」の存在により、登録を阻まれ、自由に生きる権利を奪われているという現状がある。

なぜそうした事態に陥るのだろうか。

①民法七七二条（嫡出推定）

1　妻が婚姻中に懐胎した子は、夫の子と推定する。

2　婚姻の成立の日から二百日を経過した後又は婚姻の解消若しくは取消しの日から三百日以内に生まれた子は、婚姻中に懐胎したものと推定する。

無戸籍を生み出す主原因と言われるのはこの民法七七二条の「嫡出推定」という規定である。

実は、誰もが意識をしていないと思うが、今日生まれた赤ちゃんも含めて、日本人にとって「生まれて初めて出会う法律」がこの民法七七二条だ。

嫡出推定とは生まれた子どもの「父」が誰であるかを「推定する」規定である。この法律では「妻の夫」が子どもの父であると推定されている。

明治憲法下で民法が制定されて以来、一人の例外もなく、である。

そもそも「父」とは誰なのか。

「似ているから」とか、「育ててくれたから」だけでは父ではない。さらにDNA検査で九九・九九九％生物学的親子関係が認められたからといって、戸籍に記載される父となれるわけではない。多くの日本人にとって父とは、この民法七七二条第一項により「母と婚姻している夫」である。つまり母との「婚姻」が父となることの第一条件なのだ。

また、単に婚姻しているだけでは夫は父にはなれない。その条件を規定しているのが第二項である。

「できちゃった婚」では結婚しても父ではない？

民法七七二条の第二項は二つの要件をひとつの文章に入れて、民法が規定する父になるためにクリアしなければならない婚姻上の条件を示している。

まず前半を見てみよう。

「婚姻の成立の日から二百日を経過した後」に生まれた子については「婚姻中に懐胎した」と認める、とある。

逆に言えば、「婚姻から二〇〇日以内に生まれた子」は「婚姻中の懐胎ではない」ので、母の「非嫡出子」であり、その父はたとえ婚姻している夫が事実上の父であっても、空欄＝「父はいない」として届けなければならないのである。

なぜ二〇〇日過ぎないと父にはなれないのであろうか。一九九日ならダメで、二〇〇日だったら良いという、この数字に合理性はあるのだろうか？

もちろん、ない。

そこで一九四〇（昭和一五）年、法務省は婚姻後二〇〇日を経過していない場合でも母の婚姻している夫を父とし、夫婦の「嫡出子」として登録できるよう民事局長通達を出した。法律を変えるより運用を変える方が即実行できるという手軽さで、実質的な法改正が行なわれたということだ。そこから七〇年以上過ぎているが、この二〇〇日という「根拠なき規定」は今も親子関係、つまりは個人の身分関係にさまざまな影響を与えている。

二〇一五年、タレントの大沢樹生が喜多嶋舞との婚姻中に出産した子に対して起こした親子関係不存在裁判はある意味、この規定のわかりやすい事例であった。

大沢と喜多嶋はいわゆる「できちゃった婚」で、子は婚姻後ちょうど二〇〇日目に生まれている。二〇一日目ならば「婚姻中の懐胎」とみなされ、大沢は子の出生を知ってから一年以内に嫡出否認をしなければ法的父親として確定、その後に父でないと思っても覆すことはできない。つまり二〇一日目に生まれていれば、大沢は今回の訴えを起こすことはできなかった。

ところが出産が婚姻から二〇〇日目であるからその子は非嫡出子となり、形式的には大沢が「認知」した形をとり、その後「認知準正」で大沢の「嫡出子」として登録されていたはずである。

子の養育もし、愛着ある生活を送っていたが、ある日似ていないことに気がついて、DNA鑑定を受けてみると自分の子ではないことがわかる。子は既に一〇代となって「父である」と信じていた人から、親子関係不存在の訴えを起こされる。もちろん、そこに至るまでにさまざまな事情があったことは想像に難くないが、子の思いを考えるといたたまれない気持になる。

本来はこういう事態を未然に防ぐために嫡出否認制度を設け、限定的に父の推定を覆す機会を設けているのだが、二〇〇日なら覆せて、二〇一日だと覆せない。子どもの人生が、たった一日、しかも根拠のない数字で変わるという過酷さはこのケースを通じて見えてくる。

しかし通常のできちゃった婚において、出生届を出す段階で、子が出生したのが婚姻後二〇〇日以内であったか否かについて認識されているかといえばそうではない。

本来であれば認知届を書かなければならないが、とりたてて前述の民事局長通達に則ってというわけでもなく、出生届に夫の名の欄があればそのまま名前を書くだけである。

もちろん通常の認知届も用紙に署名押印するだけなので、父子に血縁があるかないかについて市役所窓口で「形式的審査」はできない。それゆえ、法務省的に考えれば本来起こりえない「血縁がないのに認知」→「認知準正」→「嫡出子」ということが起こり、子が大きくなって調べていくと「血縁がないのに認知をしていた」→「認知無効」→「親子関係取り消し」という状況も生まれる。この手続きには最も影響を受ける子の同意は必要ない。

厚生労働省の「出生に関する統計」によれば、現在、一〇代での婚姻の八割、二〇代前半での婚姻の六割ができちゃった婚と言われており、それによる出生児数は少なくない。二〇〇日規定を納得のいくものに変えていかなければ、そもそもの立法の主旨からはずれ、その結果、さまざまなケースで問題が起こってくるであろう。

次に、同じ第二項の後半部分「婚姻の解消若しくは取消しの日から三百日以内に生まれた子」を見てみよう。

「父」は国が決める

民法七七二条が定める嫡出推定とは、子を分娩した母とは違って、血縁関係がはっきりとわかるわけではない父親について、ある一定のルールのもとにあらかじめ決めておこう、という考え方である。

これは民法が制定された明治時代には大きな意義があった。実際に自分が父親であっても父親であることを認めない、あるいは認めたがらない場合が多かったためだ。ＤＮＡ型や血液型鑑定で血縁上の父子関係を証明する手立てがなく、また圧倒的に男性の立場が強い時代には、子どもの立場を守り、早期に身分を安定させるためには必要な規定だったのである。

時代が変わり、医学や科学の進歩で子どもの出生のメカニズムはかなりの精度まで解明された。また婚姻に関する状況も変化して事実婚等を選ぶカップルも増え、子どもたちの誕生に至る経緯は多種多様となっている。こうした環境の変化の中で、明治の子どもたちを守ってきた法律では、戦後や平成の時代に生まれた子どもたちを守ることはできなくなってきたのだ。

先に見た「二〇〇日規定」に関しては、現在では数で見れば圧倒的に利益を得る子が多いと思うが、特に第二項の後半部分の「離婚後三〇〇日」については、逆にこの規定があるが故に、救われる子よりも、登録できず「無戸籍」となって苦しむ子どもたちを生み出すことになる。こうした現状に対して、民法学者からも指摘が相次いでいる。

「『父』は国が決める」

この言葉は私が裁判所で言われた言葉である。どんなに当事者間で合意をしたとしても、子どもの父を決めることはできない。「父」を決めるのはあくまで「国」なのである。ならば、責任を持って、誰もが納得のいくルールを早急に作ってほしいと思うのは、高すぎる望みなのだろうか？

妊娠期間は三〇〇日ではない

現代の医学では子どもの一般的な懐胎期間が「三〇〇日」などありえないというのは常識である。懐胎期間は最終月経日から四〇週、懐胎していない二週間を含めて二八〇日を基準とする。予定日に生まれても受胎から二六六日目だ。この三〇〇日とは一カ月以上の差がある。

つまり、離婚して一カ月後に別の男性との間に受胎し、出産予定日に生まれた場合、その子は「前夫の子」となる。これがはたして妥当なのか。

ちなみに血液型が発見されたのが一九〇〇年だ。この法律の元となる明治民法はそれ以前に案が練られ、一八九六年成立、一八九八年に施行されている。妊娠のメカニズムがここまで解明されることも、DNA他医学の発達もまったくの「想定外」で作られている法律なのだ。

「法的離婚後の一カ月あまり後に懐胎した子どもを前夫の子どもと推定する」ということは、「離婚後行なわれた、別れた妻の性的交渉相手は前夫」と決め打ちしていることに他ならない。「女性は離婚後も一定期間前夫の性的拘束下にある」と国が認めている、とも言えるのだ。

この重大な人権侵害については、二〇〇二年、私自身が国と自治体を相手に争った行政訴訟の中で、憲法第一三条ならびに二四条違反であると訴えた。高裁までの判断では違憲判断は出なかったが、その後法務省は、後に詳しく述べるように、二〇〇七年に「離婚後懐胎に関しては医師の証明書で嫡出推定を外す」という民事局長通達を出した。

つまり「三〇〇日」がもはや意味を持たないこと、子にとっても母にとっても、また懐胎にまったく関与していない前夫にとっても、著しい人権侵害が疑われることを法務省自体が暗に認めたとも解釈できる。

男性にあって女性にないもの　「嫡出否認権」

②七七四条（嫡出否認）
第七七二条の場合において、夫は、子が嫡出であることを否認することができる。

妻から「妊娠した」と告げられる。夫たちの多くは喜び、子どもの誕生を待ちわびるだろう。しかし、中にはもしかしたら「お腹にいる子は自分の子どもではないかもしれない」と不安を抱く夫や、「なぜ自分の子どもでないのに、一時的に「父」にならなければならないのか、勘弁してほしい」と思っている夫もいるのだ。

第1章でも見て来たように離婚後に三〇〇日以内に生まれた子どもについては、法律に則れば自動的に「前夫の子」になる。

今も昔も、父子関係を明確にするのは難しい。繰り返しになるが母親は分娩の事実をもって母親とする生物学的なつながりが明確だが、父親については確定することは難しい。通常、母が婚姻している場合には、母の夫が子の父であろう蓋然性がきわめて高いことから、民法七七二条で「妻が婚姻中に懐胎した子は、夫の子と推定する」と規定したのだが、同時に七七四条「第七七二条の場合において、夫は、子が嫡出であることを否認することができる」という条文を設けて「もしも違ったならば、否定をすることができること」としている。つまり、「子の父が誰かについての推定」である七七二条と、それを否定できる七七四条はセットの法律なのだ。

嫡出否認の訴えは、夫が「子の出生を知った時」から一年以内に提起しなければならないとしている。身分関係の早期安定を図るための規定であり、期間を徒過すると否認権は失われ、たとえば子が生まれて二年が経った後、血液型で自分の子でないとわかったという場合であっても嫡出否認権は行使できない。

ただ、夫が死亡した場合、子の存在のために相続権を害される者その他夫の三親等内の血族は夫の死亡の日から一年以内に提起することができる。

また夫が嫡出否認の訴えを提起した後に死亡した場合もあろう。その場合は子の存在のために相続権を害される者その他夫の三親等内の血族が訴権者である夫の死亡の日から六カ月以内に訴訟手続を受け継ぐことができる。

このことをみると、嫡出子の発想がどこからきているのかがわかる。「相続」とも密接につながっているのである。

嫡出否認の判決が確定したときは、子の出生時に遡って、子は夫の子でなく母の非嫡出子となる。

さて、なぜこの法律が、無戸籍者たちが戸籍を得る上での「壁」なのだろうか。

「嫡出否認」つまりは「自分の子でない」と訴えを起こす権利は、夫にしか認められていないのだ。懐胎に至る過程や事情を最もよく知る妻側から「夫の子でない」と言うことはできないのである。第1章でも触れた「親子関係不存在確認の訴え」を起こすことはできるが、それは夫にお伺いを立てる、といった形でしかできない。妻が主体的に「子どもの父親は違う」という嫡出否認権を持っているわけではないのだ。

日本と同じように過去に戸籍制度を持っていた韓国、台湾を見てみよう。

韓国では二〇〇五年に戸主制が廃止。それに代替する新しい家族制度が確立され、個人の尊厳と両性平等の憲法理念が具体化され、日本より先んじて子の母(妻)の嫡出否認権も認めるようになった。提訴期間は「嫡出否認事由があることを知った日」から二年以内とされている。

台湾はさらに進んでいる。一九八五年にすでに子の母(妻)に嫡出否認権を認めており、一九九八年に女性の再婚禁止期間を撤廃した。さらに、二〇〇七年に嫡出否認の訴えに関する提訴期間と提訴要件を緩和して、夫と子の母のみならず、子にも嫡出否認権を認めるようになり、これによって、親子関係を真実の血縁に一致させている。

日本はなぜ問題があることを認知しながらも、法改正ができないのであろうか。

「父になれない」夫

「父は誰か」という「嫡出推定制度」については、新しい角度からの問いかけも次々起こっている。

その一つは、「性同一性障がいで性別変更をした元女性の男性」が法律婚をした後に精子提供を受けて妻が懐胎、その子どもの父となれなかった事例だ。生まれた子どもは父親名を書けないために三年あまり出生届を出すことができず無戸籍だったが、市役所は職権で戸籍を作った。子は婚姻している夫婦の籍に父空欄のまま記載されたのだ。

この夫婦と子どもも私の相談者だった。私が関わった無戸籍児の中で、この子だけが唯一戸籍に「職権記載」された例である。それをみるだけでも当時における性同一性障がいに対する無理解と強い差別を感じる。

夫婦は、同じように生殖補助医療を受けたにもかかわらず、「男性」の不妊者と、「元女性の男性」の不妊者との間で、民法七七二条の「嫡出推定」に関する差別的取り扱いは不当であるとの内容で裁判を起こした。

二〇一三年、最高裁は高裁までの判断を覆し「性別変更後男性となった者を父と認める」決定を出した。「血縁上の父とはなり得ない事情があっても嫡出推定が成立する」としたのだ。差別的な取り扱いに関しては解消されたが、この判決文の内容には矛盾した部分がある。これまで同様「夫が服役や海外渡航などで性交渉が想定されない時は(血縁上となり得ないので)推定が及ばない」とし、今回もその立場を是としているのである。つまり、同じ判決文の中で父子関係の前提として血縁を認めない立場と認める立場を併記し、どちらにも依拠した形になっているのだ。この矛盾をどう受けとるべきなのか。

多様化する家族の形態とさまざまな事情が背景にある子どもの誕生に関して、現行の規定で裁判所が父親を決めることは、もはや限界なのだということかもしれない。

2 再婚禁止規定の矛盾

「一〇〇日短縮案」は差別の固定化

③七三三条(再婚禁止規定)

1 女は、前婚の解消又は取消しの日から起算して百日を経過した後でなければ、再婚をすることができない。
2　前項の規定は、次に掲げる場合には、適用しない。
一、女が前婚の解消又は取消しの時に懐胎していなかった場合
二、女が前婚の解消又は取消しの後に出産した場合

二〇一六年六月、民法の一部改正が行なわれ、先進国では唯一日本だけ、女性だけに課せられた民法七三三条「再婚禁止期間」の規定は改正された。

長い間「半年間は再婚できない」と思って来た女性たちは、禁止期間が一〇〇日に短縮されただけでも、大いなる進歩だと思っているかもしれないが、それは違う。

同じような規定のあったヨーロッパでも、ドイツでは一九九八年、フランスでも二〇〇四年に廃止。さらに韓国でも二〇〇五年に廃止されている。国連の自由権規約委員会や女子差別撤廃委員会からも、女性に対する差別だとして、廃止するべきだと何度も勧告を受けている、いわくつきの法律なのだ。

そもそも「女性は離婚後六カ月間（改正後は一〇〇日）は再婚できない」という「再婚禁止規定」は明治時代に作られたもので「離婚直後に生まれた子どもの父親が離婚前の夫なのか、再婚後の夫なのか混乱すること」「後夫が妊娠していることを知らずに婚姻すること」を避けるためというのが立法の趣旨である。

医学の発達も限定的だった当時においては、子どもの父親の嫡出が重ならないようにするためには「妊娠自体を避ける」が唯一の道で、そのためには女性を「離婚から半年ほどは別の男性と婚姻させない」こと、つまりは「性交渉をさせない」ことが最も有効、確実だと考えられたのだろう。

この法律は戦後の民法改正でも変わらぬまま一二〇年が経ったが、存続の理由としてあげられる「嫡出推定が重なった場合子どもの父が定まらず、身分が不安定になる」というのは、事実上の父親を科学的に証明することも可能だし、父の推定が混乱した場合は必ず裁判で審判・判決で解決することが求められていることから、理由としては説得力を持たない。

にもかかわらず、この法律が存続していること自体、「他の意図があってのこと」と推察せざるをえない。

六カ月が一〇〇日になった理由

二〇一六年の改正は、最高裁の違憲判決を受けたものだが、「再婚禁止期間一〇〇日」が残った理由は最高裁が「一〇〇日を越える部分」のみを「違憲」としたからに他ならない。その「一〇〇日」の根拠となっているのは一九九六年の法制審議会の答申だ。

法制審議会が五年の議論を経て出した結論は、前夫に嫡出推定が及ぶ「離婚後三〇〇日以内」と後夫に推定が及ぶ「婚姻から二〇〇日以降」、そしてこの「再婚禁止期間は六カ月(約一八〇日)」をやりくりしていくと、「(一八〇＋二〇〇)－三〇〇＝八〇」で、離婚後三〇〇日を過ぎても、八〇日間は子の父は誰にも推定が効かない状況が生まれているという矛盾を解消しようというものであった。

この答申以降、再婚禁止期間はこの一〇〇日を軸に考えられ、実際野党から議員立法で何度も出された改正案は一〇〇日とされている。

しかし、前述どおり二〇〇七年に法務省が通達によってその計算式の根本である三〇〇日に対して、実質的な否定を示しているのである。さらに「できちゃった婚」の二〇〇日規定についても、それよりずっと以前の一九四〇(昭和一五)年から、実際には夫の嫡出子として届出ができるよう運用がされてきたことを考えると、もはやどちらの数字も根拠は完全に消滅、それをもとにした一〇〇日もまったく意味を持たない。子どもを救うことにはつながらないからである。

それでもこの期間を一〇〇日に短縮することで、この法律で懸念される部分が解消されるならまだわかる。しかし、それもない。「一〇〇日短縮」の改正案を国会に提出すること自体、その後の議論や動向を踏まえていない不勉強の結果だというのに、「六カ月」を「一〇〇日」に短縮したことが「一歩前進」であると改正案にそのまま賛成した政治家は無邪気すぎる。

しかし、これは、日本の人権や差別問題への取り組みが進展しないことの現れでもある。

九八％の人は対象外　それでも廃止できない理由

離婚数は毎年二三万〜二五万件前後で推移しているが、そのうち父親の推定が重なり、調停・裁判をしている件数は約三〇〇〇組である。

この数字をもとに計算すると、離婚する夫婦の中で妊娠している人は一・二％〜一・三％程度。前夫の子、もしくは調停・裁判ができない人を考慮しても多く見積もって二％もいかないだろう。つまりは約九八％以上の女性たちは離婚時に妊娠していない、そもそも「対象外」の人々なのだ。

今回の改正でのポイントは、この人々に対しては一〇〇日を待たずに再婚できる規定を設けているところにある。しかし、そのためには自分が妊娠していない旨の医師の証明書を役所に提出しなければならない。また戸籍に「懐胎していなかったから一〇〇日待たずに再婚したこと」がごていねいにも記載される。なぜ、このような不思議な改正が行なわれることになったのだろうか。

前述の通り、法務省は二〇〇七年五月、無戸籍者の存在が社会問題として取り上げられると、民法七七二条第二項のいわゆる「離婚後三〇〇日規定」について、「法的離婚後に懐胎した旨の医師の証明書を添付の場合は、前夫の嫡出の及ばない子との取り扱いをする」との民事局長通達を出した。「三〇〇日ルール」が対象外の子どもたちにまで及んでいることを認め、その改善を行なったのだ。この通達によれば、離婚後懐胎が証明されればその時点で母が再婚してはならない理由もなくなる。

法務省は本来、この通達を出すと同時に、再婚禁止期間についても「離婚時に妊娠をしていないとの医師の証明書があれば対象外」との民事局長通達を出すべきであった。でなければ、相関関係がある両条文の運用上の整合性も取れず、バランスが悪いということになる。

しかし、当時、再婚禁止期間については嫡出推定とは別に考えようとの空気があった。突然こうした通達を出せば約九八％以上の女性たちが再婚禁止期間なしに再婚可能となってしまう。憲法判断もない中で民法七三三条の存在意義自体が問われるようなことに当時は踏み切れなかったのだろう。

「女のくせに離婚したあとすぐに他の男と婚姻するとは節操がない」「少しは反省しろ」と、離婚に関しては「反省期間を取るべき」と思っている人は男女に関わりなく少なくない。しかしそれはあくまで各個人が決めることである。人によっては「必要がない」という人も、「三週間で充分だ」という人もいるだろう。もしくは六カ月では足りず「二年必要」という人だっているかもしれない。婚姻したい相手がいる、いないでも違うだろう。法律で一律に、しかも男女の差をつけて決めることではないのだ。

一〇〇日では無戸籍者は一人も減らない

いずれにせよ、この再婚禁止期間があることによって、子どもが無戸籍になったり、出産の機会を得られないなど、新たな家族を築こうとする人々や子どもが不安定な状況に追い込まれていく現状は変わらない。

逆に再婚禁止期間がなければ、少なくとも無戸籍者のうち何割かは「父未定」という形で戸籍が作られる可能性が広がる。

たとえば現在、再婚禁止期間のないイギリス人と婚姻後出産した場合、子の父はイギリスでは「イギリス人の夫」となる。しかし、日本の登録では父は「前夫」となる。同じ子なのに国籍によって「父が違う」ことになってしまうので、こうした場合、日本での子の戸籍は父の欄を「未定」として作成される。

再婚禁止規定がなければ、当然日本人同士でも同じように運用されるはずだ。無戸籍解消のためには七七二条の改正が不可避だが、それより前に改正の機会がめぐって来た再婚禁止規定がなくなったら、抜本的な解決ではないが、救われた子どもたちがたくさんいたはずである。

しかし、二〇一六年の改正では一人たりとも無戸籍者は解消されなかった。子の身分の早期安定といいつつも、子どもにフォーカスされた改正でないことは明らかである。

合理的理由がない中で、この規定が依然存在するのは、離婚女性へのペナルティや行動規制、つまりは女性への「懲罰法」として機能しているからだということを、私たちは自覚しなければならない。

母たちの苦悩　無戸籍者の妹・弟たちも無戸籍

子どもがなんらかの事情で無戸籍となる。そして解決を見ないまま、次の子が誕生する。次の子は出生届を出すのに障害はないものの、親たちは「順番」を気にして、出生届を出さないことが通常である。

第1章に登場した亮司の弟も、そして出産の際に費用を支払うことができず、出生届を産院からもらうことができなかった百合の妹も無戸籍である。

百合も三二歳でようやく戸籍ができたのだが、百合の妹は百合が父とケンカをして家出をした後、「なぜ私が無戸籍なの?」と暴れて、姉に先んじて戸籍をとった。

母たちの気持の中には無戸籍となった上の子への愛情があるのはもちろんのことだ。ただ、もうひとつの「こだわり」は「戸籍の順番」をまたがせてはいけないという規範意識なのだ。

そこに日本人が程度の差はあったとしても、気づかぬうちに、知らず知らず従うように誘導されている「戸籍意識」を見る。

「無戸籍になるのは離婚のペナルティだ」

私が芦屋市役所で言われた言葉である。

法律には離婚後三〇〇日規定がある。それを知っていても、知っていなくとも、それに「違反」して子どもを三〇〇日以内に生めば、当然ながら母親には連絡を取りたくない夫との交渉が、また夫には自分の子でもないのに、子どもが自分の子として登録されるという「ペナルティ」がある。

そしてそもそも「離婚」というはしたないまねをしたものは、どんな責め苦を得ても文句を言ってはならないという、暗なる圧力がある。どんなにつらくとも「婚姻継続」をすることこそが道徳的行為。途中で逃げ出すなんて、我慢がたりない。それこそ不道徳。

実は、自らに向けられたこの「不道徳」のそしりへの反論として、戸籍上の序列へのこだわりがあるのかもしれないと思うのだ。

「戸籍法」という壁

これだけの負担を乗り越えて調停・裁判を行なって、事実上の父が確定したとしても、前婚の婚姻中に子どもが生まれている場合は、裁判確定後も前婚中の氏《うじ》を名乗らなければならない。

それを覆すためにはまた裁判所への申立てをしなければならない。さまざまな苦難と煩雑な手続きを越えて、ようやく勝訴したかれらを、さらに「戸籍法」というハードルが待ち構えているのだ。

具体的な「壁」の例を示そう。

DVをしていた前夫に子の存在を知られることを怖れて、調停・裁判を起こすことができていなかった例である。

このまま無戸籍でいることに限界を感じた当事者は、まず母の前夫の状態を確認するために戸籍謄本を取り寄せた。すると既に前夫は死亡していたことがわかる。

死亡を望んでいたわけではない。しかし、この死亡により、前夫に対する親子関係不存在の訴えを起こすことが可能となった。前夫は死亡しているため被告は検察官となってこの裁判は行なわれた。

前夫と母、そして当事者にとっては姉、兄となる家族の悲惨な状況は、母が当事者の出生届を出すことをためらう理由に十分なものだった。

裁判は勝訴。当事者は晴れて「前夫の子ではない」と認められた。

ところが、戸籍を作る段になって問題が起こる。当事者の戸籍は「出生時の母の戸籍」に入籍されるのだ。つまり、DVから逃れて、母が離婚手続きをすることすらためらわれた前夫の戸籍に、この当事者は入らざるをえなかったのだ。

しかも、既に前夫は死亡し、戸籍はない。便宜上とはいえ、死んだ前夫の戸籍を生き返らせ、親子関係が否定された子どもはその戸籍にいったん入籍されるのだ。その後、当事者は「子の氏の変更」を申立てれば母の戸籍に入ることはできる。しかし「子の氏の変更」をしなければ、親子でもない、相続にもなんら関係のない他人同士が同居するということになるのだ。

揺らぐ戸籍制度＝「同一戸籍同一氏の原則」

かれらが直面した問題は「戸籍制度の根幹」を揺るがすものである。

戸籍制度は夫婦と親子で構成される家族単位で作成され、通常、その家族は同じ氏を称する人のみが入る。これを「同一戸籍同一氏の原則」というが、一方ではこのように「裁判所に親子であることを否定された赤の他人同士」が同一戸籍に入ることをよしとしているのである。

実はこの「出生時の母の氏」の「出生時の」という部分は法律事項ではない。法務省民事局長通達をもとにしているのである。同じように新たに民事局長通達を出し、民法七七二条に関わる調停・裁判による場合は「届け出時の母の氏」とするならば、こうした矛盾は解けるのだが、法務省はそれに消極的である。しかしこの通達によって実態無視の戸籍ができるのであれば、早急に改善策を示さなければならないことは明らかであろう。

「氏の変更」に関連しては、別の例を紹介しよう。

このケースは子が事実上の父から虐待を受けて来た。しかしながら、父は自分の氏をこの子どもの氏として、無戸籍ではありながらも住民票をとり、就学をさせていた。

彼はその後、父の氏でずっと生活して来た。

無戸籍と知り、この状況をなんとか変えたいと奔走する。彼の場合は、母は前夫との離婚すらすんでいなかった。

調べていく中で、このケースも母の前夫＝法律上の父が死亡していることを知った。本来であれば、事実上の父に認知調停や、死亡した母の夫に対して親子関係不存在を行なえば真実の父を父とする戸籍はできる。氏についても母が父と再婚すれば「子の氏の変更」により今まで使用していた氏が使える。

ところが虐待を繰り返して来た実父はそれを拒絶する。また、母の前夫が亡くなった居住地は彼の居住地から遠いため、弁護士を立てて裁判をするにも費用が工面できなかった。

結果、真実の親子関係はまったくないが、まずは母の前夫の籍に入り、分籍し、そこから「氏の変更」の申立てを行なうという手続きを行なった。

文字で書けば、簡単な話に読めるかもしれない。通常の「氏の変更」(旧姓に戻す等)とは違って、ここでもまたさまざまな資料を提出したり、裁判所の調査を受けたりと手間がかかる。

これは「戸籍法一〇七条」の規定である。父を決める民法に加えて、個人にとってとても大事な氏やその他の戸籍記載に関しては、戸籍法というさらなる困難が無戸籍者たちを苦しめるのである。

こうした事実について、旧民法では、同一戸籍にあることが相続の順位や扶養等の権利義務関係に影響したが、現行民法では戸籍が同一であるかどうかは単に戸籍の編製上の問題であって、原則として氏の変動は現在では戸籍の変動の原因になるだけだとの指摘も出ている。

現行「戸籍法」(昭和二二年法律第二二四号)の第一条は「戸籍に関する事務は、市町村長がこれを管掌する」と規定し、単に戸籍事務の取り扱い機関を示しているにすぎない。すなわち、戸籍とは何かについての定義はおろか、戸籍法の目的とするところすら法文上のどこにも記されていないのである。しかし、「日本人と不離一体の関係にあるはずの戸籍をめぐる、こうした法律上の不透明さに対して国民の側でもまた疑問や不審を抱くことはない」と政治学者遠藤正敬は指摘するが、確かに戸籍法は常に民法の下位にある法律と捉えられる傾向があるようにもみえる。それは圧倒的に差がある研究者の数だけでなく、こうした無戸籍関連の問題が出たときに、発言するのはもっぱら「民法学者」だったということにも表われる。

人間の叡智としての人権政策

私は一五年間にわたり一二〇〇組以上の無戸籍で苦しむ子どもたちとその家族を支援して来た。またLGBT・性的マイノリティをはじめ多様な生き方を選択することを法律により阻まれて来た人々の暮らしを見てきた。

その中でつくづく感じるのは、誰もが生まれ育つ家庭環境から多かれ少なかれ影響を受け、良きにつけ悪しきにつけ親の「因果」からは逃れることはできないということだ。それぞれが生まれたときに配られるカードには明らかな違いがある。負荷を背負わなければならない環境に生まれる場合もある。

だからこそ、人間の叡智の結実であるべき法律は、この生まれながらにしての差を補い、埋めるためにこそあるべきなのだと思う。

逆に、その法律があることで人生の選択肢が狭まったり、ましてや、この再婚禁止期間のように、「子どものために」との美名のもとで、起こってもいない将来の「不貞の抑止」や「離婚の懲罰」として使われている、しかも一方の性のみが対象という差別規定は、即刻廃止しなければならないのである。

第3章　「戸籍」とは何か

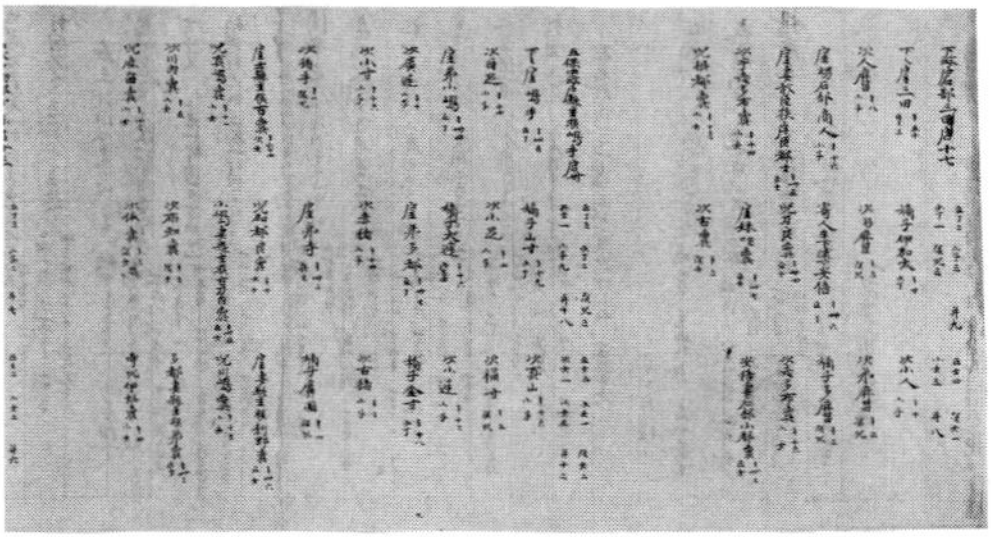

正倉院文書に残された大宝二年御野国《みのこく》加毛郡《かもぐん》半布里《はにゅうり》戸籍(702年). 半布里は現在の岐阜県加茂郡富加町. 現存最古の戸籍の一つで,「嫡子」の文字が見える(複製, 国立歴史民俗博物館所蔵. 原品, 宮内庁正倉院事務所所蔵)

1　戸籍の歴史

「無戸籍」を考えるということは「戸籍」を考えることに他ならない。

この章ではまず、戸籍がいかにして日本で生まれ、制度としてどのように変遷し、今日に至ったかをみてみよう。

それを踏まえた上で戸籍の歴史とともに歩んで来た無戸籍の歴史を辿る。

戸籍制度の誕生

「戸籍制度」は中国に発祥する。古代以来の中国では、華北地域を中心に「戸」と呼ばれる形態の緊密な関係の小家族が成立し、これが社会構造の最小単位として機能していた。その「戸」を単位として住民を把握・管理をする「戸籍制度」は、中華王朝や漢民族が拡散していく中で、東アジアの各地で政権の民衆把握の手法として採用され、近年までその歴史を繋いでいた。

日本では、七二〇年編纂の『日本書紀』で崇神帝の治世(三世紀後半〜四世紀)に人民の戸籍をつくり、課役を命じたとの記述があり、戸籍編纂の発祥とされている。氏姓は天皇から豪族への賜り物であり、中にはその威光を笠に着るために氏姓を捏造する者さえいたという。日本書紀には、氏姓の真偽を判定する為に「盟神探湯(クガタチ)」(熱湯に手を入れさせて火傷を負った者を有罪とする)という神明裁判が行なわれたことも記されている。

六四六(大化二)年の「大化の改新」後、律令制国家が建設されていく過程で、戸籍編纂は全国的に展開されるようになる。豪族が持っていた土地と領土はすべて天皇の所有物という「公地公民」の原則が確立するためには氏姓を整理する必要もあった。氏姓は天皇に対する個人の従属と奉仕の証だったのだ。一方で、「良民」と「賤民」の区分を示すものともなった。

六七〇(天智九)年、その基盤として編纂されたのが「庚午年籍」である。

日本書紀には「戸籍を造る。盗賊と浮浪を断つ」と庚午年籍についての記述が残る。統治機構の整備強化とともに、国内の治安維持も戸籍編製の重要な目的だったのだ。

続いて、六九〇(持統四)年の「庚寅年籍」では戸籍は六年ごとに郡司の責任で編纂され、戸籍名、続柄、氏名又は姓名、年齢、疫病の有無が記載されている。徐々に豪族間の偽称や乱れていた氏姓が整理されていった。

ただ、この当時の戸籍は課税対象者を登録するものであり、対象とならなかった女子は戸籍には記載されてはいない。初期の段階では国民登録としての意義も人口調査としての機能もほぼ持ち合わせていなかった。

七二三(養老七)年公布の班田収授法により、六歳以上の「良民」は朝廷から口分田が付与されることとなった。一方で戸籍に記載されることは、租庸調など諸税の負担、衛士や防人といった兵役任務、あるいは宮都の造営等の賦課を負うことと同義になった。

こうした中で、課役の負担にあえいで戸籍を捨て流浪する者、脱して出家する者が続出する。朝廷としてもこの状態を看過できず、脱藩、逃亡、浮浪に対しては、厳罰をもって臨んだ。七五七(天平宝字元)年に施行された養老令の中の「考課令」には戸籍・計帳から漏れた者を検出し、逃亡した一家を原籍へ復帰させることをもって、地方官の功に数えるものとする条文さえあったのだ。

戸籍の歴史は成り立ちの時から無戸籍者への対処の歴史でもあったのである。

戸籍の停滞期と復活

平安時代になって律令制が衰退した後には、朝廷による中央政府が戸籍によって全人民を把握しようとする体制は放棄され、戸籍制度は事実上消滅する。

統治権限は国司筆頭者(受領)に大幅に委譲され、受領に指揮された国衙《こくが》では資本力のある有力百姓のみ公田経営の請負契約などを通じて把握し、民衆支配に関しては有力百姓に任せるようになる。

その後、貴族から庶民に至るまで、拡大家族的な共同体としての「家」が、自然発生的に広範に形成されていく。支配者が被支配者を把握しようとするとき、「家」が把握の基礎単位となった。

鎌倉、室町時代に至っても戸籍がない時代は続く。それは当時の支配機構が人民の戸籍簿を必要としなかったか、また権力が統一的な戸籍簿をつくりうるような状態ではなかったためである。

戦国時代に入ると、戦国大名たちは自領内の統一を早く達成するため、「戸口調べ」を実施し始める。「北条氏印判状」などがその例だ。

急速に勢力を伸ばした織田信長は、農業生産高とそれに基づく課税台帳の整備に力を入れ、それを引き継いだ豊臣秀吉は全国的に完備した形で「人改め」を実施し、戸籍を作製しようと企画する。秀吉は朝鮮出兵に先立って「人掃令」を出している。その時に作製されたと思われる戸籍の一部は「厳島文書」に収められている。

江戸と戸籍

江戸時代に入ると戸籍的管理に対する強化はさらに続く。

幕藩体制が整備され、兵農分離のさらなる進展や領土の支配強化にともない、家数人馬改めのような領内の総戸口把握が検地帳の整備と平行して行なわれていく。当初、戸籍に相当する資料は「人別帳」と「宗門改帳」の二つに分類された。

人別帳は戦国大名によって行なわれ、領土把握および租税等の負担の目的のために「検地帳」とならんで基本台帳としてつくられ始めた。宗門改帳の方は、幕府のキリシタン禁教の強化に伴ってそれを実施する手段として登場する。

人別帳と宗門改帳とは目的、性格を異にする別箇の帳簿だったのだ。

こうした中で全国的にキリシタン関連の乱は鎮圧されていき、宗門改帳の必要はそれほど強くなくなった。しかし、いったんキリシタンではないことを寺院に証明させる寺請制度が始まると、必然的に民衆は寺院の檀家となったため、これを廃止するのは容易ではなかった。

一六六五(寛文五)年に幕府が諸藩にも宗門改帳の作成を命じると、人別帳に宗旨を記述するという形で作成されるようになる。「宗門人別改帳」の誕生である。一六七一(寛文一一)年に幕府はこれを法的に整備し宗門人別改として定期的に調査を行なうべく各藩に義務付けるようになる。住民把握の基礎となった宗門人別改帳は、血縁家族以外に遠縁の者や使用人なども包括した「家」単位に編纂され、戸籍原簿や租税台帳の側面を強く持つようになっていく。こうした管理は地方では明治初年まで続いていく。

「脱藩」と維新

幕末が近づくと、新たな動きが出る。一八二五(文政八)年に長州藩で「戸籍法」が施行されるのだ。これは「近代戸籍法の原点」とも言われている。

なぜ、長州藩でこの時期戸籍だったのだろうか。これは当然ながら「脱藩者」「脱藩浮浪者」への対策である。ただし武士と僧侶は宗門人別改帳ではなく別管理で武士は「分限帳」に登録された。

幕末の尊王攘夷の気運の中で、自由に行動しようとする者が増え、地方から江戸や京都などに出て、諸藩の同志と交流することで志を遂げようという脱藩者が相次いだ。

脱藩は刺客を送られたり、捕まって入牢、一家取り潰し、場合によっては死刑ともなる重罪である。しかし、攘夷グループが強い影響力を持つようになったため、藩も簡単には処罰できなくなり、黙認することが多くなった。その中でも長州藩は処分に甘く、高杉晋作の脱藩回数は五回とも六回とも言われている。土佐藩士の坂本龍馬や中岡慎太郎も脱藩者であった。明治維新はこうした脱藩、ひいては無戸籍者の存在と無関係ではない。むしろ籍を持たない「脱藩」という立場がその原動力になったとも言える。

ちなみに、坂本龍馬の脱藩を今に伝えるものとして、高知県高岡郡檮原町では龍馬や幕末の志士たちが土佐脱藩の際に歩いた道や峠などを走る「脱藩マラソン大会」が開かれている。坂本龍馬が知ったら、どういう反応を示したであろうか。

2 明治 近代戸籍制度の確立

維新から明治政府へ

明治政権がまだ確立されていない段階の、「五箇条の御誓文」が出された直後に、「五榜の高札」が出され、そこで政府の行政方針を宣言している。そこですでに戸籍を編製するとしており、京都で実施に移されている。

維新直後、明治政府が実権を握ると同時に、直ちに着手したのが戸籍制度の構築・整備による「人民の把握」だったのである。「脱藩浮浪者」の取締りと復籍による社会秩序の回復、また、財源確保は喫緊の課題だった。そのため一八七一(明治四)年に戸籍法が公布されることになる。

それに先駆けて、政府は一八六九(明治二)年、直轄地である府県に対し、京都府にならって戸籍を編製することを命じる。京都府では明治元年に「戸籍仕法」を作成していたのだ。これは「市中戸籍仕法」および「郡中戸籍仕法」「士籍報」「卒籍法」「社寺籍法」からなり、さらに一八七一(明治四)年に「華族籍法」を追加したものだ。これらは古代の戸籍を参照しつつ、宗門人別改帳を改善した長州藩のものを模範に作られた。これを基礎に各村々で作られた戸籍は干支をとり「庚午戸籍」という。「地番」「職業」「石高」「馬等頭数」などの記載があった。

一八七一(明治四)年、いよいよ日本全国に画一的に適用すべきものとして太政官布告として「戸籍法」が公布され、翌七二年に編製されたのが「壬申戸籍」である。

これら戸籍法の整備が廃藩置県の前に行なわれたことは、いかに明治政府が人民の相対的把握を強く望み、急いでいたかを物語っている。維新は成ったが、再度の巻き返しにあうことを薩長政権が極端に怖れていたことがわかるだろう。

この一連の動きに対して民法学者の山主政幸は、以下のように言い切っている。

「明治絶対主義において、戸籍法が単行法として、はじめて現われるのは、明治四年式戸籍法(壬申戸籍・明治四年四月四日太政官布告一七〇号)においてであるが、それ以前においても、多くの個別的法令としての布告・達・沙汰が戸籍について規制を行なっている。しかし、それらのほとんど全部、あるいは少くとも大多数は、すべて脱籍浮浪取締りに関するものであった。いったい「脱籍浮浪取締り」は、その字義からいえば、戸籍離脱者の復帰規制であるにしかすぎないはずである。それが明治初期戸籍法の、もっぱら職とするところであったのは、どういうわけか。ここに、問題がある」(「明治戸籍法の一機能」)

こうした目的で作られた壬申戸籍にはいくつかの特徴がある。

まず、京都府戸籍に見られた身分別編製方式を採用せず、「臣民一般」を等しく把握することで政治的標準化の手段とされた。つまり士農工商の区別を排したこと。

次に「氏」である。壬申戸籍編製の前年、一八七〇(明治三)年九月には平民にも氏の使用を許しており、また直後の一八七二(明治五)年五月には氏・屋号の改称を禁じている。一八七五(明治八)年二月には陸軍の要求により徴兵令の実効性を高める目的として、国民に氏の使用と管理の徹底を強要することになる。

戸籍の編製単位は「戸」で行ない、本籍は「住所地」であった。身分とともに住所の登録を行なった点では、現在の住民票の役割も担っていたのだ。

一方で、女性の氏に関しては政府の考え方は定まらなかった。一八七六(明治九)年三月、政府は「結婚した女性は実家の氏を使用する」こと。例外的に「夫の「家」を相続した場合は夫の氏を称すること」を決めた。

被差別部落に関しては当初は同等の扱いをしなかったものの、一八七一(明治四)年八月の「賤民廃止令」により、被差別部落にも戸籍が編製されることとなった。ここに「戸籍は日本人をすべて把握する」「国籍戸籍同一の原則」が成立した。

戸籍の管理は地域別編纂方式を採用し、戸籍によって表示された「戸」は、戸籍法に規定された「戸籍同戸列次ノ順」によって秩序づけられた家族団体として、戸主を家族秩序の中心に位置づけて、「直系尊属」「配偶者」「直系卑属」「傍系親」「傍系親の配偶者」の順に記載された。「戸」を把握することにより、政府は治安政策と社会政策を最小限に節約することができたのである。

こうしてできあがった戸籍は、「学制」「徴兵制」「税制」などさまざまな政策を実行する上の基礎資料となった。明治政府の新政策は戸籍なくしては実行できなかったといえる。

壬申戸籍は、「新平民」や「元えた」などの同和関係の旧身分(穢多、非人)や、病歴、犯罪歴などの記載があることから、法務省の公式発表では、行政文書非該当として一切開示していない。しかし、自治体が廃棄していないものについては、二〇一七年八月、壬申戸籍と思われるものがインターネットのオークションに出品されていることがわかり、法務省は「プライバシー保護の観点から問題がある」などとして、サイトに取引中止と文書の画像削除を要請した。

「本籍地」の誕生

多くの日本国民は、よもや戸籍がパソコンソフトのようにバージョンアップされ、その度にそれまでの戸籍は過去ファイルとして保存され、立ち上がった時には最新バージョンでの表記になっているとは思いもしないのではないだろうか。明治でも「壬申戸籍」「明治一九年式戸籍」「明治三一年式戸籍」と三回バージョンアップが行なわれている。

「明治五年壬申戸籍」はここで見て来た通りである。

「明治一九年式戸籍」は現在公開されている最も古い書式の戸籍である。屋敷番制度を改め地番制度を採用していること、またこれより「除籍制度」が開始されたこと、家の単位に、戸主を中心としてその直系・傍系の親族をひとつの戸籍に記載することなどが特徴になっている。ここに「本籍地」が誕生する。

「明治三一年式戸籍」は同年「明治民法」が施行されたことにともない、「家」制度を中核に置き、「戸籍法」もこれに沿った形に改正される。

その後の戸籍の基礎となる「明治三一年戸籍法」の特質は、

①戸籍制度の目的を身分の登録および身分行為の登録とし、公示・公証すること

②兵役・徴税・警察などの行政目的を戸籍制度から除外

③戸口調査書たる性格から身分登録簿たる性格へと転換

④戸籍事務の監督を戸籍役場所在地を管轄する区裁判所の判事または監督判事に委ねた

ということにある。

「戸籍を行政から司法に移行させる」ということをもって「近代的な戸籍制度」の確立を見る、とされている。

戸籍管掌としての特徴は、「戸籍簿」のほかに「身分登記簿」を設けていることだ。これは

明治初年以来の近代的私法の基調であった個人を公証するものとし公認されたことを示している。これを認めたことで身分変動の届出者を戸主から当事者に移すことになった。

また、戸籍を取扱う者として戸籍吏および戸籍役場が置かれた。ただ、独立した戸籍役場が存在するわけでなく市町村役場に戸籍役場の看板を掲げるだけではあるのだが。

記載様式の特徴としては、「附籍」の廃止である。「附籍」は「家族」の範疇外にある非血縁で家族関係にない者を記載するものであったが、従来からこれは「家」制度にそぐわないものとして廃止が検討されていた。加えて、従来の屋敷番号ないし戸番号による編製主義から地番編製主義への転換が行なわれる。戸籍の家屋からの解放であり、そのため、これまで一戸を有しない者が「家」から排除されていたのが、家屋との関係を断ち切ることによって「一軒に二世帯あれば、一方を同居とする」ことが是正された。

これが「本籍地」という抽象的な概念を持ち込んだ「戸籍」につながっていくのである。

続く大正期には一度の改正のみが行なわれている。

「大正四年戸籍」は記載された家族について個別に「両親」「生年月日」「家族の中で占める位置(二男の嫁など)」などが記載されるようになった。また、一九一五(大正四)年の戸籍法改正によって市町村役場が戸籍事務を執り行なうこととなった。さらに、一八九八(明治三一)年に設置された「身分登記簿」がなくなり、以降「戸籍簿」に統一されていく。

3　新憲法と戦後の戸籍

新憲法のもとで

「昭和二三年戸籍」は文字通り一九四八(昭和二三)年、新憲法のもと、新しい戸籍法のもとで新たな様式に則って作られた戸籍である。

これが平成になって電算化される前の戸籍となる。戦後新戸籍法の歩みについて『現行戸籍制度五〇年の歩みと展望　戸籍法五〇周年記念論文集』では一一六〇ページにわたって、詳細に記している。

まず、この改正では、新憲法に従い、これまでの「家」を単位とする戸籍から「夫婦」とその子を単位とする戸籍になり、「戸主」が廃止されて「筆頭者」となった。また「華族」「士族」「平民」「新平民」などといった身分事項の記載は廃止。

ただ、戦後の混乱期でもあり、すべての戸籍の改訂までには一〇年の猶予期間を置いている。つまり、新たに申請された新戸籍他の届出についてはこの様式で記載されたが、異動のない戸籍に関して改製には猶予が持たされ、実際に戸籍簿が改製されるのは一九五七(昭和三二)年〜一九六五(昭和四〇)年頃となった。後にも述べるが、これが「家制度」が残った原因と指摘する井戸田博史の論説は一定の説得力を持つ。

一方で、現住所と関わりのない「本籍地」単位で国民を把握する戸籍制度は、福祉政策の運用においては使い勝手がいかにも悪い。一九五二（昭和二七）年には住民登録法施行により「住民登録制度」が開始され、住民票の作成が開始された。「戸籍」と「住民票」については別途述べる。

この登録制度によって、それまで非定住民として黙認されてきた無戸籍者「サンカ」「家船《えぶね》」は消滅する方向となる。

一九六七（昭和四二）年には「住民登録法」が改正され、「住民基本台帳法」が施行。戸籍とリンクした住民登録制度が開始された。

しかし、戦後も依然として戸籍と婚姻差別、就職差別は深刻な社会問題だった。一九六八（昭和四三）年以降、「えた」等が記載された壬申戸籍は封印され、非公開となる。前述したように、法務省は廃棄年度経過後、消去もしくは厳重管理の上、保存しているとしている。

同和対策として戸籍の記載内容、閲覧については次々施策が実行される。一九七六（昭和五一）年には除籍原戸籍閲覧の禁止が実現する。一九七七（昭和五二）年、法務省は同和対策除籍等適正化事業により、除籍原戸籍の差別内容を塗抹した。

コンピュータ化とマイナンバー　平成時代の戸籍

戸籍に関して新たな、そして大きな改革の時代的要請がやってくるのは平成に入ってすぐのことだ。

「戸籍事務の電算化（＝コンピュータ化）」である。

一九九四（平成六）年の戸籍法改正で、戸籍事務はコンピュータで処理できることになった。ただ、戸籍の電算化には多額の費用がかかり、人口が多ければ多いほどその額は増す。当時はバブル崩壊後ということもあり、対応の時期には自治体によって大きなばらつきが出た。

一方で法務局の登記簿は登記印紙を財源とすることにより早期に電算化が完了した。

こうした戸籍管理の利便性が向上する一方で、二〇一〇（平成二二）年には高齢者所在不明問題が発覚、一五〇歳、二〇〇歳で戸籍上は生きていることになっている「幽霊老人」の問題が話題となり、戸籍消除手続きの稚拙さが目立った。

二〇一一年には東日本大震災が起こる。詳しくは第4章で述べるが、津波により南三陸町、女川町、大槌町および陸前高田市の戸籍原本が失われる。一瞬にして、大量の無戸籍者が生まれるおそれがあった瞬間である。副本、また住民基本台帳データが残っていたため、完全に滅失した分もほぼ再製されたとされているが、この震災を機に、戸籍の管理は大きく変わるのだ。

二〇一七年八月、法務省は、税や社会保障などの行政手続きに活用される「マイナンバー制度」の利用範囲を戸籍に拡大する方針を固めた。省内に設置された有識者らによる研究会が一四年一〇月から戸籍事務でのマイナンバー導入を検討しており、法制審で議論のたたき台となる最終報告書には、結婚の届出やパスポート申請、老齢年金請求、児童扶養手当請求、年金分割請求などの手続きで戸籍証明書の提出が不要になると想定している。現在、戸籍証明書は本籍地だけで交付可能なため、申請者が他の自治体に住んでいる場合は郵送で取り寄せたり、自治体が提携するコンビニエンスストアの端末を操作したりして入手する必要があるが、この手間がなくなることは利便性の向上とつながる。手続き簡素化は国民にとって有益であるとの判断だ。

戸籍は現在、電子化前の除籍などは紙や画像データとして保存されているケースが多く、マイナンバーとのひも付けは手作業となり、膨大な作業量が予想される。これをどう扱うかがひとつの焦点だったが、最終報告書では、ひも付けの対象は電子化された戸籍に限定し、電子化以前の除籍などが必要となる相続などの手続きについては「当面の間、連携対象としない」と結論付けた。

そもそも戸籍は、約一九〇〇の市区町村がそれぞれ独立したシステムで管理しており、自治体間ではほとんどネットワークがなく、文字のデザインなどもまちまちで突き合わせが難しい。

最終報告書は、東日本大震災以降、戸籍が滅失する危機を越えた経験から整備された、全国二カ所の戸籍の副本バックデータ保存システムを利用し、マイナンバーとひも付けする新たなシステム(仮称・戸籍情報連携システム)の構築を提案。文字のデザインも同じ文字とみなされるデザインを集め、コードを統一する作業を進めることで、連携を可能とするとしている。

ただ、戸籍には親族関係や夫婦関係などプライバシー性の高い情報が記載されていることから、個人情報の流出や不正利用への対策が法制審での議論のポイントの一つとなる。

以上、駆け足で辿った「戸籍」の歴史だが、人員管理や人口学の視点、またコンピュータ化も含めて技術革新等、社会の進歩とどう寄り添って来たのか、もしくは抗ってきたのかがよくわかる。

マイナンバーとのひも付けは、戸籍の役割がさらに限定的になることを示している。ただ、こうした流れは皮肉にも戸籍の存在意義を問うこととなる。それこそが無戸籍者を通して可視化されているのである。

4　無戸籍者の歴史

律令国家から中世まで

日本で「無戸籍者」はいつ生まれたのであろうか。

実は、古代から現在まで戸籍の歴史と同じだけの時間的スケールで、制度の外に生きる「無戸籍者」は存在した。

たとえば折口信夫は「うかれびと」「ほかひびと」として、同化しない、服従しない異神教徒、「自ら跳ね出して、無籍者になった亡命の民」の存在を指摘している。

宗教上の理由も含め、国家に拘束されず、徴兵や課税も免れながら生きることが可能であれば、そうした選択をする人が一定数いることは理解できる。

そもそも戸籍制度を作り、拡大していかなければならない理由は、人々を把握していかないと、徴税逃れなど、社会の安定を崩し、他人やひいては国家に対して及ぼす影響があるからこそ、である。

しかし一方で、折口が指摘する「定住せず、巡遊して芸を売ること」もまた社会の要請に沿った生活様式の一環であったからこそ、戸籍を持たない集団としての「流民」が再生産されて来たのである。こうした無戸籍者たちの一部は、制度からはじかれたというよりは、社会のある意味自然な姿だったのかもしれない。

平安時代は土地課税制度であったため、戸別に人民を把握し治めるという戸籍制度は事実上崩壊していた。

鎌倉時代になると「在家帳」が現れる。これは地頭制のもとで農民を郷・保単位に記帳するというものである。「地頭」はもともと荘園の管理者である荘官の一種であったが、鎌倉幕府の創始者である源頼朝が御家人を地頭に任命して、一反当たり五升の兵糧米を徴収する権利を与え、荘園の管理、国衙・荘園領家のための年貢の徴収、治安の維持などに当たらせた。ただ在家帳は、個々の戸の構成員を記録したものではなかった。

中世には古代の戸籍・計帳、また近世の宗門人別帳のような網羅的な台帳は作られていなかったため、当時の日本は無戸籍者たちばかりだったとも言える。

戦国時代に入ると、こうした形態が崩れていく。織田信長、豊臣秀吉の登場により人員把握の努力がなされていく。となると、その制度から何らかの事情で漏れる人々がでてくる。再び無戸籍者たちは社会の中で、あくまで例外的とされながらも、認知された存在として、その役割を担いながら存在感を強めていくのだ。

江戸時代の無戸籍対策「人足寄場」

江戸時代に入り、宗門人別改帳による管理体制が厳しくなると、無戸籍者たちは取り締りの対象となる。

当時、無戸籍者たちは「無宿」「無宿者」と呼ばれた。「無宿」とはもともとは戸籍に記載されていた者が犯罪を犯したり、不良行動があった場合、連座で犯罪の累が及ぶことを恐れた親族に離縁・勘当されるか、もしくは何らかのトラブルによって村の人別帳から削除された人のことをいう。いわば村内での犯罪者予備軍を人別帳から先んじて抜き、無宿にするシステムである。ただ、無宿の多くは天明の大飢饉や商業資本主義の発達による農業の破綻により、農村で生活を営むことが不可能になった農民だった。

こうした人々は故郷の村落から出て一定期間を経ると、人別帳から名前が除外される。そこから無宿は「帳外《ちょうはずれ》」とも呼ばれた。

八代将軍徳川吉宗の時代には、荻生徂徠の意見もあり戸籍管理はさらに厳格化される。荻生徂徠は『政談』において、戸籍を整備して、武士や庶民を土地に定着させること（土着論）を主張、また、身分に応じた生活水準の規制（制度論）についても論を展開していたからだ。

田沼意次が幕政に関与した天明年間には政情不安により、無宿が大量に江戸周辺に流入し、凶悪犯罪まで次々と罪を犯すようになり、幕府はさまざまな対策を講じることになる。犯罪を犯し、捕まった無宿は「武州無宿権兵衛」、「上州無宿紋次郎」等、出身地を冠して呼ばれたともいう。

五人組等の連座制度により相互の連帯責任も問われるので、犯罪等や不良行為がある者は、早晩「帳外」になる候補者として帳簿に札が付けられた。今も慣用句として使う「札付き」とは、村役人が人別帳の「無籍者候補」に札をつけていたのが語源である。

江戸時代は飢饉が度々起こった。地方で飢饉が起こると、食い詰めた農民たちは都市を目指す。凶作・飢饉を背景とした貧窮や、また商品経済の進展により、移動が頻繁になることで、一八世紀後半以降は大量の無宿人が江戸をはじめとする都市、またその近在に流入・徘徊した。幕府・諸藩はこうした無宿人のために帰農策などをとったが、はかばかしい効果はあがらなかった。結果、江戸には登録のないまま、自らが無宿であることを隠して雑踏に紛れて生きる多くの人々が存在したのである。

こうした中で、田沼意次にかわって幕府の政治を主導したのは、陸奥国白河藩主の松平定信だった。一七八七年、弱冠三〇歳で老中になった定信は、八代将軍吉宗の孫にあたり、天明の大飢饉でも白河藩では日頃から飢饉に備えて米を蓄えていたため餓死者を一人も出さなかった手腕が評価されての抜擢だった。定信は商人との関係を強めた「田沼の政治」をあらため、吉宗の享保の改革を手本にして「寛政の改革」を行なった。

定信は、何よりも先に、まず無宿者の更生授産施設として江戸石川島の「人足寄場」を作った。帳外となった無宿は支配権力のみならず、一般社会からも厄介者として蔑視され、世間に対して自分が無宿であることをひた隠しにして生きなければならなかった。当然、犯罪と近いところにいることとなる。人足寄場はそうした者たちの更生施設で、無戸籍者を国民化していく機能を果たすべく設けられたものだった。

前科のない無宿については、社会復帰も比較的容易であったと言われるものの、前科があるもので更生した人材は金山等の人手不足の現場に送り込まれた。なお、定信が子孫のために書いたという『宇下人言』には、無籍対策について多く言及されている。

無戸籍と「えた・非人」

「無宿」と「えた・非人」は違う。「無宿」は人別帳に記載されていない人のことで、一方の「えた・非人」は人別帳には記載され、非人頭の統括のもと、物乞い等をし、各人の持ち場や取り分が決まっており、比較的生活は安定していたといわれる。また、戸籍はあるので、役負担などの一定の責任を果たして、百姓身分同様に社会に貢献していた。

無宿人は、幕府から「無宿人がり」と称して、佐渡の金山などに強制連行され、過酷な強制労働を強いられた存在だったことは、今川徳三著『江戸時代無宿人の生活』(雄山閣、一九七三年)に、無宿人とえた・非人との身分の違いも含めて詳細に記述されている。

忘れてはならないのは、定住することなく仕事を求め村々を移動しながら集団で生活する「サンカ」と呼ばれる人々や水上生活者「家船」の存在である。人別帳、戸籍には登録されていない。サンカは、明治期には全国で約二〇万人、昭和に入っても終戦直後に約一万人いたと推定されている。

全国民の戸籍が登録される体制が整ったため、江戸時代に人別から洩れた層も明治以降の戸籍には編入されるようになったと考えるのが合理的だろう。江戸時代において無籍者には定住できる土地はなかったが、明治以降は政府が定住を指導したと考えられる。国家の近代化に伴う戸籍整備には徴税や徴兵などを目的とする必然性があったことは既に述べたとおりだ。

かれらは、戸籍と定住を強要されていった結果、戦後に日本文化と同化し姿を消したという主張をする論者もいる。

「家船」とは、近世から近代にかけて日本に存在した一群の漂流漁民、水上生活者の総称である。大化前代の品部の一つであった海人部の系統をひく水軍の末裔とも言われているが、詳細は不明である。「家船」と称する小規模な船団を形成して、主に西九州、瀬戸内海の複雑な多島海沿岸を移動しながら漁業を営んでいたが、次第に陸上に拠点を持つようになった。貝原益軒の『日本釈名』(一六九九年)には「つねに船を家としてくがにすまぬもあり、俗に家ぶねと云」との記述がある。

幕藩体制の成立以後、家船に対する把握も行なわれ、大村・平戸藩が家船に一定の居住地を与え、貴重な対中貿易品であったアワビの採取や海上警備などを行なわせた記録もある。明治維新以後は政府が納税の義務や徴兵の徹底のために家船に対しても規制を強め、また次第に大型動力船に圧倒されて生業であった沿岸漁業は衰退した。さらに戦後の住民票登録制度により、古代の海人の生態や集団社会慣行を伝えていたであろうその生活条件は、ほとんど調査されることもないまま、昭和四〇年頃には消滅したと言われている。

幕末〜明治 東京から排除された無戸籍者

先述の通り、幕末から維新にかけて、討幕運動に参加する武士たちは脱藩して自由を確保しようとした。また一般の人々も、生活が苦しくなると籍を抜ける。その人々の受け皿が「国土開発」であった。かれらは北海道に向かい開拓者となる。実は、開拓事業は無籍者授産政策として行なわれており、北海道の他にも官民共同で行なわれた小金原開拓事業は、帝都東京に集まった脱藩浮浪人を下総国小金原(千葉県松戸市・柏市・船橋市などにまたがる地域)の開拓地に集中移住させて雇用するなど東京の無戸籍排除対策として行なわれた。一方、行政的にみれば犯罪等のリスクを内在する無戸籍たちをどう処置するかは行政コストの面からいっても大きな課題だった。この施策により実際、東京は約六〇〇〇人の無戸籍者を穏便に「排除」できたのである。

しかし、こうして全国に散らばった無戸籍者たちを待ち構えていたのは粗末な宿舎と、厳しい労働、そして給与未払いであった。移動したうちの四割が離脱し戻ってくることになり、都市部は再び無戸籍対策が必要となる。明治になると戸籍反対運動、徴兵に反対する「脂取り一摸」が行なわれる。

明治・大正期の無戸籍者

当時、戸籍は、戸主は婚姻・養子縁組等すべての届出事項について、それが生じてから一〇日以内に届け出るべきものとされていた。しかし「報告的届出」と「創造的届出」の区別がつかない問題点もあり、内容は不完全・不正確なものであった。これに対して、改善を強く要求したのは陸軍である。

「徴兵令」は一八七三(明治六)年に発令される。徴兵を逃れるために戸籍偽装した「徴兵養子」や、籍を抜けて無戸籍者となるなど、さまざまな形で戸籍を使った意図的な徴兵逃れが行なわれた。菊池邦作著『徴兵忌避の研究』(立風書房、一九七七年)にはそのさまが詳細に語られている。

人々は戸籍を利用して、合法的、積極的に徴兵忌避を行なう。その手法のバラエティと恒常的に年間六〇〇〇人ほど存在していた事実は、当時の社会を何より如実に語るのである。以下、具体例をみてみよう。

一八七三年に施行された最初の徴兵令では「国民皆兵」を原則としていたものの、一方で免役規定を設けており、身長五尺一寸未満者、不具廃疾者、官吏、陸海軍生徒、官公立学校生徒、外国留学者、医科学生、戸主、嗣子、承祖の孫、徒以上の罪科者、父兄に代わり家を治める者、養子、徴兵在役中の兄弟など、広範囲にわたり免役・猶予・延期制の対象があった。また、代人制として代人料二七〇円上納者には常備・後備両軍が免役だったため、養子縁組や絶家、廃家となった家を再興し戸主になることなど、〝合法的に〟徴兵逃れを行なう徴兵忌避が相次いだ。また、本籍を北海道、もしくは沖縄に移しておけば、北海道では開拓と北辺防備の優先行為のため、沖縄は、日清戦争後の沖縄の帰属についての外交問題が決着を見ていなかったために徴兵が延期された。これには実際に移住する必要はなく、本籍を移すだけで可能であった。

無戸籍者に対して徴兵をどうするかは、物理的に可能かも含めて悩ましい問題だった。所在を確かめられない者に対して徴兵検査の通知を行なえるのか。明治政府は無戸籍者であっても適正な届出を出すべし、としているものの、具体的な成果は上がらなかった。

こうした中で、政治家や著名人にも徴兵忌避が見られるようになる。たとえば立憲政友会総裁の鈴木喜三郎は、徴兵適齢を迎えた一八八七年頃、檀那寺の和尚と養子縁組をすることで「鈴木」家に入り、徴兵を逃れた。また近代日本を代表する彫刻家高村光雲は、一八七四年、二三歳のとき師匠の姉の家に養子に入り「高村」姓となり、徴兵を回避したことを認めている。

これらは「徴兵養子」と呼ばれた手口であるが、後に政治家や芸術家として名を馳せるエリート層もご多分に漏れず、徴兵逃れの担い手だったのである。「明治国家が由緒正しき「臣民簿」として昇華させようとした戸籍も、徴兵忌避という個人の我欲の前ではかくも不実に扱われる有り様であった」との遠藤正敬の指摘に大きく頷くものである。

戦後の無戸籍者たち

すでに第1章でも書いたように、戦中の空襲等により、そもそも戸籍が滅失しているケースも多々あり、大量の無戸籍者たちで溢れていた。南樺太のように本籍だけがなくなったケースは、引き揚げ後に本籍を作る就籍手続きを行なって、日本人である身分を確保する。

当初、煩雑だった戸籍事務も落ち着きを取り戻した頃、別の問題が進行していく。それが1、2章で述べた民法七七二条による無戸籍者たちである。

それだけではなく、後述するが作家松本清張が『砂の器』で描いた戸籍偽装世界は誰にでも起こりうることだった。

さらに戦後の混乱が収まるのと入れ替わりに、社会問題が発生してくる。サラ金地獄、新興宗教、アルコールやギャンブル依存症、家庭内暴力等々。身を隠し、誰にも知られず違った場所で違った名前で生きなければならない人々が生まれてくる。

そうした環境で生まれる子どもたちは、登録できない、されないまま「無戸籍児」として生きることとなる。暴力、貧困がごくごく近いところで日常的に存在し、そこからの避難場所となるはずの家族、学校、職場等も含まれた地域コミュニティから隔離された中での成長は、過酷な暮らしをさらに苦しいものにする。

第1章でも触れたように、二〇〇〇年代に入ると変化が現れる。「できること」について、各役所が「通達」「通知」という目に見える形で表明したことで、パスポートの取得、婚姻他今まで「できない」とされてきたことが、具体的にできるようになる。

二〇一五年からは法務省内において、関係省庁をまたいだ形での「無戸籍者ゼロタスクフォース」ができる。その成果のひとつとして二〇一六年からは未就学のままでいる無戸籍者や元無戸籍者に対して、文科省と地域の小中学校が連携して卒業資格をとるまで伴走をしてくれる事業も始まった。

描かれた無戸籍

このように、無戸籍者の歴史は戸籍と共に始まったのであり、無戸籍者たちの存在は、平成に至った今ここでわかったようなものではない。

少し遡ってみても、実は、さまざまなチャンネルを通じて、いくつもの問いかけがされていることがわかる。多くの作家、表現者たちが創作の題材としてきたのである。

自然主義作家田山花袋は一九一六(大正五)年、『新小説』七月号に掲載された「帰国」で、明治末期から大正にかけての漂泊民サンカの姿を描いた。全国各地の山々を漂泊するサンカの人々が年に一度の集いのために〝古里〟を目指すという内容だ。

「国民文学作家」と言われた吉川英治は『無宿人国記』で無宿となった赤穂浪士の苦悩と矜持を描いている。

「無戸籍」の問題を最も効果的に取り込んでいるのは松本清張であろう。『無宿人別帳』では、罪を犯し、人別帳から除外された無宿たちがいかに身分制度に苦しみ、自由を渇望しているかを、逃亡の日々と復讐劇を通して描いた。「海嘯《つなみ》」では、安政三年八月に江戸を襲った大津波で被害を受けた人足寄場を舞台に、人足にも解放命令が出たにもかかわらず、七〇人余りは残って防災に努め、他は全員、後日、戻ってきたという史実をもとにした小説だ。

映画化もされた『砂の器』では、第二次世界大戦で滅失した他人の戸籍を偽証の上再製した男が主人公である。ハンセン病への差別という側面を含めて、別人になりすまして生きざるを得なかった主人公の背景をたくみに描く。また、『鬼畜』では、愛人が生んだ娘をデパートの屋上で置き去り、遺棄する男を描く。

司馬遼太郎も無宿、無戸籍を描いた。歴史小説家であるならば、無宿と対峙する場面が幾度もあったことだろう。『街道をゆく10　羽州街道、佐渡のみち』では、佐渡金山に送り込まれた無宿人たちについて思いを巡らせ、無戸籍者たちの墓に参っている。また『俄　浪華遊俠伝』では帳外処分を出願した主人公の一生を追う。

五木寛之は「サンカ」に関する著作をいくつも持つ。『サンカの民と被差別の世界』、『風の王国』等々。

芥川賞候補者となった池田みち子は『無籍者』で、六〇年代安保を生きる若者たちを描いた。

桐野夏生は『夜また夜の深い夜』で無国籍、無戸籍の子どもたちが大人になる姿を描いた。

嶋中潤の『貌《かお》なし』は無戸籍をテーマにした社会派ミステリーである。

映画では一九六四年に市川雷蔵主演で『無宿者』が公開されている。

前述した『誰も知らない』が二〇〇四年に公開され、センセーショナルな話題を呼んだ。テレビでも二〇一二年に『息もできない夏』、二〇一七年にNHKBSプレミアムドラマ『クロスロード　声なきに聞き形なきに見よ』の他、長編シリーズ『渡る世間は鬼ばかり』等、連続ドラマの一話として無戸籍が取り上げられる等もある。

演劇舞台でも二〇一五年上演された『川辺市子のために』(戸田彬弘作・演出)は無戸籍で生きる理不尽をテーマにした作品だ。

漫画の分野でも、弘兼憲史は『人間交差点　顔のない群れ』で、鈴ノ木ユウは産婦人科を舞台にした『コウノドリ』の連載の中で無戸籍者を取り上げている。

第４章　消えた戸籍を追って

サハリンからハバロフスク経由で新潟空港に
到着したサハリン残留邦人第一次帰国団
(1990年5月28日，日本サハリン協会提供)

1 「戦争」と無戸籍

戸籍は、民法七七二条のように古い法律・制度に問題がある場合だけでなく、日本人たる戸籍登録が、ある日突然、戦争等で国境線が変わったことで本籍そのものが日本領でなくなり「籍」自体が滅失したり、火災や津波といった自然災害によって、それまでの戸籍データが物理的に消滅する場合がある。

明日、「私」は消える、かもしれない。「いる」のに「いない」。

誰もが「自分の存在を証明できない」＝「無戸籍」という状態になるというのは、十分にありうる話なのだ。

沖縄　「私でない私」を生きる人々

太平洋戦の末期、凄惨な地上戦となった沖縄では、確認されている数として約一九万人あまりの命と、生き残った人々の存在を証明する沖縄市民の戸籍が奪われた。戸籍の滅失は一九四四年一〇月一〇日の那覇市での焼失を皮切りに、一九四五年七月一五日まで、二市三町四三村一二万九二八件にも及ぶ。最終的には一五万件あまりの戸籍が滅失したといわれる。

戦後の沖縄では一九四五年六月二三日、牛島司令官の自決で組織的な戦闘が終わったとされるこの日に出された米海軍軍政府布告第一号ニミッツ布告によって、「日本の旧民法、旧戸籍法等の当時の現行法規が原則的に持続して施行」とされたが、「戸籍」事務に関しては肝心の戸籍簿がほとんどすべてなくなったために、正常の事務を取り扱う余地はまったくなかった。

「沖縄では、公簿類はすべて滅失して、従来の戸籍簿も存在しない。これに代わるものとしては、配給台帳のようなものがあるが、人の身分関係を公証するのが目的ではなく、物資配給のための人名簿程度のものに過ぎない。各人の身分事項も記載されてはいるものの、窮迫した生活状態のもとで物資配給について少しでも有利な結果が得られるようにするため、いろいろの作為もなされていて、極めて不正確なものであった」

一九五〇(昭和二五)年一月下旬、戦後日本の公務員として沖縄に初めて出張した人物といわれる法務省民事局第三課長新谷正夫は、こう証言した上で、「極めて不正確」な内容を具体的に次のように示す。

「例えば、女性が変じて男性となり、老幼者が血気盛りの年齢者となり、仮装の夫婦が出来上り、姓名自体も不正確なものがあった。完全な秩序の回復していない困窮した状態のもとではやむを得ないものがあったであろう」

その上で新谷は、「本土同様の正確な身分登録のために早急の戸籍制度復元が何よりも必要」

と進言している。

米軍の直接占領下にあった沖縄の「戸籍簿に代わる配給台帳のようなもの」とは、一九四六（昭和二一）年九月一九日の沖縄民政府総務部長通牒「臨時戸籍事務取扱要綱」によって設けられた「臨時戸籍」のことだ。新谷の指摘するように「不正確さ」は、本土復帰の際に重婚や重戸籍なども問題となるのだが、沖縄本島は文字通り一大決戦場となり、軍関係者ばかりか全島民が戦渦の中に巻き込まれ、自決も含めた多数の戦死者を出した。心身共に荒廃し、また敗戦に伴う被占領という未経験の状態にあったことから、「戸籍業務」にかかる混乱は容易に想像できるであろう。

死者と無戸籍者を生んだ沖縄戦

「私の戸籍？　見せてもいいけど、本当の私じゃない。それでもいい？」

そういいながらも、自分の戸籍謄本、原戸籍、父親の除籍簿まで用意して見せてくれたのは那覇市に住む玉城ヤエだ。彼女も沖縄戦による戸籍焼失で無戸籍を経験した一人だ。沖縄戦では多くの子どもたちが家族を失い孤児となった。ヤエの親も亡くなり、兄弟とはぐれたままだ。

当時住んでいた糸満市には子ども専用の収容所があり、ヤエもそこに収容された。収容所には子とはぐれた親が子どもを捜しに、また子を失った親がその代わりとなる子どもたちを引き取りに来ていた。

「孤児たちは檻の中に入れられたような状態さ。みんな必死で手を振って「私を選んでー」ってやる。なるべくにっこり笑ってさ。そうすると、「この子にする」って、来た大人が言って、どんどん新しい親が決まって行く。先に決まって収容所から出ていく子どもたちが、本当に自慢げでうらやましくて、私も「選んでー！　選んでー！」ってしたさ。遅れちゃならない、（収容所に）取り残されたら大変だと思って」

ヤエもほどなく、ある女性に引き取られる。戸籍を作る手続きは女性がやった。後から見れば、そこに書かれていたのは父も母も、兄弟も、まったく知らない人だった。そもそも「ヤエ」という名も、それまでの自分とはまったく関係ない名前だった。

ヤエを引き取った女性は援護金ほしさで、わざわざ両親が死んだ家族を選んで、新たに戸籍を作ったのだった。

三歳か四歳だったのだろう。「ヤエ」には新しい名前と誕生日が与えられた。新しい誕生日は一九四一（昭和一六）年一月だった。

ヤエがどうやら「援護金」等のために、自分はこの戸籍に入れられたらしいと気がついたのは、そんな話を女性がしていたからである。この女性がいなければ生きていくことはできなかったが、彼女は自分の養子にするわけではなかった。家には同じような立場の女の子どもたちが幾人かいた。女性には情夫がいて、家にいる子どもたちは年頃になると次々にその男のもとに行かされた。ヤエは怖くなって、自分の番がやってきそうだという時に家出をする。戸籍では一五歳の時だ。不思議と女性は追ってこなかった。

それから、ずっとこの戸籍で生きている。七六歳、いや七八か七九歳にならんとする現在まで、ヤエに関わった人は誰ひとり入っていなかった戸籍で、である。

戦後も明治憲法で生きた沖縄

ヤエの「父」の除籍簿を見る。

そこにはヤエの「祖母」にあたる女性と、戸主である「父」から見れば「甥」に当たる人物が入っていて、ヤエが戸籍に入った当時、「祖母」は生きていたことになっている。「甥」は一九七〇(昭和四五)年に戸籍訂正の裁判許可を経て、戸籍のすべてを消除している。「甥」は「男」としか書かれない非嫡出子だった。ヤエは「祖母」も「甥」もまったく知らなかった。もしかすると、「祖母」も「甥」も何らかの事情でこの戸籍に集合していたのかもしれない。

「あれ？　ちょっと待って下さい。戦後なのに、なぜ「祖母」や「甥」が戸籍に？」

見始めてしばらくして、違和感を覚えた。ヤエが手にしているこの戸籍は家制度そのものを表した明治民法下での戸籍ではないか。

作られたのは戦後で、既に新憲法が施行された後であるにもかかわらず、なぜ「戸主」が書かれ、三世代四世代、姪や甥まで入った「家」そのものが可視化された戸籍が作られているのだろうか。戦争に突き進む一因となった家制度を否定し、すべては新しく「夫婦とその子」だけで作られるはずなのに、なぜ沖縄だけが、この形式を踏襲せねばならないのか。

占領下の沖縄だけは戦後も明治憲法が通用していた、ということなのか。ニミッツ布告で決められた通り、終戦時の法律がそのまま生きていた、ということなのだろうか。米軍占領下とはいえ、日本国憲法を通用させず、よりによって戦争を生み出した明治憲法下に置くとは、米軍も何を考えていたのだろうか。

憲法開始時期についての政府見解

この件については、二〇一七年衆議院に「沖縄県における日本国憲法の適用開始の時点に関する質問主意書」が出されている。

沖縄での「新憲法」がいつから適用になっていたのか、については、

「昭和四十七年五月十五日の沖縄の復帰前においては、日本国憲法は、観念的には同地域に施行されていたが、現実には、日本国との平和条約(昭和二十七年条約第五号)により米国が施政権を行使していたため、実効性をもって適用されることはなかったと考えている。

したがって、沖縄については、米国から施政権が返還された昭和四十七年五月十五日以降、日本国憲法の規定が実効性をもって適用されることになったと考えている」

そして、戸籍が家制度を踏襲した記載になっていたことについては、

「沖縄の復帰に伴い、沖縄の復帰に伴う法務省関係法令の適用の特別措置等に関する政令(昭和四十七年政令第九十五号)第十四条の規定により、復帰前の沖縄の戸籍法(千九百五十六年立法第八十七号)による戸籍は、戸籍法(昭和二十二年法律第二百二十四号)による戸籍とみなされたものである」とし、記載は家制度だが、それは戦後の戸籍と「みなされたもの」との判断をしている。

この沖縄における憲法の施行時期に関しては、既に五〇年前に、雑誌『ジュリスト』「沖縄の法制および戸籍・土地問題等の変遷(上)」(一九七〇年八月一日、№四五七)においての対談の中で、法学者の我妻栄が、琉球政府法務局の初代民事課長久貝良順に対し、「戦後の日本の戸籍の形式とは違っていたわけですね。民法や戸籍法の改正前のものを使ってきたわけですか」と驚きながら指摘をしている。

久貝は、久貝自身の戸籍もなかったことを示しながら、当時の沖縄の状況を説明している。そして、ニミッツ布告に準じて、憲法も、民法も、一九四五年六月の状態を維持したにもかかわらず、国籍の条項だけはその上を行った。このことを質問した東京大学教授雄川一郎に対して、我妻は潜在主権を挙げながら「国籍法なるものが憲法以上に人類に普遍的なものだから

だ」としていることも一読の価値がある。

戸籍制度整備の好機

前述の、一九五〇(昭和二五)年の新谷の沖縄出張は、ライカム(RYCOM、琉球軍司令部)のマクラス顧問の要請に応じての特殊なものであった。

マクラスは東京のGHQの法務担当の係官の一人で、新谷はしばしば呼ばれては、日本の法制上の契約行為や、不動産登記等のことについて説明を求められていた。

一九五〇年の正月頃、ライカムの顧問に転じたマクラスが突然東京に来て、沖縄の壊滅した土地の区画を定めてその所有権を確定し、不動産登記制度を確立するために、法務省民事局第三課長となった新谷に協力を求めたのであった。

それからまもなくの一月下旬、新谷は軍側と契約を交わした上で、沖縄の地を踏む。米軍機から軍規によりパラシュートを背負い、那覇空港に降り立ったとき、新谷の頭にあったのは登記簿関連のことではない。

日本にとっても重要だったのは、むしろ新谷自身が「私に課せられた密かな用務」とよんだ「戸籍整備」の方だった。

復帰がいつのことになるかはわからない。ただ、沖縄現地の戸籍事務の実情を知ることは、敗戦国となったとはいえ、日本が独立国家として再生していくためにも、きわめて大切だった。そして戦後五年を経ながらも、復興の気配が乏しい、眠ったようなままの沖縄をみて、東京に戻った新谷は民事局長や戸籍担当課長に現状を報告する。しかし、当時の状況では手出しができなかった。

一九五三(昭和二八)年二月、意外な形で好機は訪れる。前年創立の琉球政府法務局の初代民事課長久貝良順が、突然東京にやってきたのだ。新谷がそうであったように、琉球政府職員としては戦後最初の本土出張だった。

沖縄にとっては適正な不動産登記と戸籍整備法の整備復活が緊急の課題で、当時の琉球政府法務局は本土の法務省と同様に民事以外の刑事、矯正、保護等の法務行政全般を統括する機関であったが、その全予算の二〇%が「戸籍整備事業」に当てられたのみならず、ある公式の席上で久貝は、大胆にも「戸籍整備における本籍表示には「沖縄県」と冒頭に書く、これが本土復帰にもつながる、また、年月日は西暦年数でなく日本の年号による」という趣旨のことを述べ、それを実行にこぎつける。

米国側ではこの表示について相当神経質になっていたが、久貝は「これは行政組織上の公共団体を意味するものではなく、今や土地表示のための記号に過ぎず、長年使用して来た慣例的なものである」と強く主張して、最後まで譲ることがなかった。

一九五六(昭和三一)年、旧戸籍からの移行期間が終わる。これにともなって、沖縄の戸籍実務が福岡と沖縄と二重に行なわれていたことによる弊害が取り除かれ、沖縄での貫徹が実現した。以降、沖縄の戸籍も現在の戸籍に改められていく。

一九七二(昭和四七)年五月一五日に沖縄は本土に〝復帰〟した。久貝の言うところの、表示記号的なものと目されていた従前の「沖縄県」は、復帰のための特別措置法によって地方自治法に定める県として存続することとなり、また沖縄の市町村は同法の規定による市町村となることとされた。同時に、早くから本土の制度、表記と事実上一体化していた沖縄の戸籍制度は、登記制度と同様に、何一つ手を加える必要もなく、そのままの形で本土の法体制下に移行することができた。久貝が我妻栄との対談の中で「われわれは、沖縄県が消滅してはいないが、アメリカの統治権によって押えられて眠っているというような気持ちです」と語っているが、まさに沖縄の悲嘆の上にある本土復帰を、戸籍が表しているようにも思える。

家族の並ぶ「誰かの戸籍」

「自分でない誰かの戸籍」で生きてきたヤエが人生で最も幸せだったのは、米軍基地内の家庭でハウスキーパーとして働いていた時期だったという。結婚後もベビーシッターなどの仕事は続けていた。「妻を気遣う夫」や「親の愛を受けて育つ子どもたち」の姿は、戦争孤児のヤエにとって、当時のテレビから流れてくる豊かなアメリカの情景とともに、皮肉にも、つらいことを忘れさせてくれ、「ひとときの夢」を見させてくれる場所でもあったのだ。

彼女の原戸籍を見ると、話にはなかったことが書かれていた。話では一度の離婚を経験していたはずだったが、戸籍をみると都合、三回婚姻していることになっている。

「再々婚した夫が今の夫?」と聞くと、曖昧な返事をした。「玉城ヤエ」という名前で生きていたとしても、どこかそれは「自分でない自分」であるかのように。

ヤエは台所に行き、壊れているという冷蔵庫の前に置かれた発泡スチロールの箱の中に入った氷で冷やされたお茶を出してくれたが、自分の分はみそ汁用のお椀に注いだ。ヤエの家には、余分なコップはなかった。

ずらりと家族が並ぶ戸籍と、ほとんど誰も訪れてこないであろう今のヤエの家には、話をしている間もずっと英語でのラジオ放送が流れ続けていた。

米軍と戸籍

沖縄にとっての戸籍の問題は大量滅失だけではなかった。

戦後、生まれた子どもたちが未登録のまま「無戸籍」「無国籍」の子どもとして、社会保障の枠外に追いやられ、時に差別を受ける対象となった。

沖縄に駐留している米軍人との間にできた子どもは見た目からでもわかる。母子がそれによって実家や親戚などから責められたり、社会に広がる反基地感情や反米感情の矛先となることもあった。

こうした子どもたちは「アメラジアン」と呼ばれた。アメラジアンとは米軍兵とアジア女性の間に生まれた子をいう。日本は、一九八四年の国籍法改正までは子の国籍を父の側からだけ認める父系血統主義をとっていたため、米国人男性と結婚した日本女性の間に生まれた子は日本国籍を取得することはできなかった。せめて出生地主義のアメリカで生まれていれば米国籍を取ることはできたので無国籍になることは免れただろうが、米国は米国外で出生した子の国籍要件として、米国人の親が一定期間米国内に滞在することを求めている。この要件にも合わず、無国籍となる子どもが大量に発生したのがこのアメラジアンの問題なのである。

基地内で、父と同居している場合はさまざまな援助が与えられるが、父が基地を離れると軍の援助も停止され、その後、米国に戻った父の所在がわからなくなった場合など、残された母子は社会的にも、経済的にも不安定な状態に置かれ、困窮に陥ることもあった。

背景として、父が米国に別の家族を持っている場合が多く、沖縄の母子を帰国時、ともに連れて行くことが難しかったという事情もある。子どもたちは就学の機会も奪われ、厳しい状況の中で子ども時代を過ごさなければならなかった。

近年では、国籍法の改正による無戸籍・無国籍状態の解消、民間のアメラジアン向け学校が誕生し、地元自治体や日本政府も民間学校へ援助を行なったり、義務教育扱いにするなど、改善されてきている。

平田正代は、こうした国際結婚に関わる問題について、長年にわたって主に福祉、法律の分野で翻訳・通訳をするなどして相談に乗ってきた。

国際結婚で起こる問題の多くは、文化的背景の違い、互いの言葉が十分でないことから起こる無理解、不理解に起因する。またそこには暴力、飲酒等の問題が常につきまとった。アメラジアンの母親になる女性たちの多くは無防備で、知識を得る機会がないままだった。平田は分断された沖縄社会の中で、傷つく女性と子どもを数多く見てきた。アメラジアンの問題の解決には明らかな女性差別が残っていた国籍法の改正が必要だったように、国際結婚・離婚率が最も高い沖縄で、現在起こっている無戸籍問題の解消には、法へのアプローチが必要だと感じている。

滅失した戸籍をめぐっては、まるでミステリーのような話が沖縄のあちこちで起こっている。現在おきなわ女性財団の常務理事で、センター長を務める垣花みち子は、沖縄県庁勤務をしていたときに、土地問題を処理していたが、それが殺人事件とからみ、関係者の戸籍欄に母と記載されている人を訪ねたところ、「私はこの人の父親の後妻だったが、この人の母親ではない」

と言われたという。実母は戦争で命を失い、戸籍も失っていた。沖縄戦に伴う戸籍の混乱がもたらす弊害を実感するに十分な事例だった。財団で話をしていると、「無戸籍」という言葉を聞きつけた別の職員が声をかけて来た。

「うちの、じっちゃんの戸籍もおかしいんですよ」

妾の子が本妻の籍に実子として記載されているのだという。いるはずの親戚がいない。確かに血縁者であるには間違いないが、そもそも戸籍があるかどうかも今となっては確認することもできない、等々無戸籍にまつわる不思議な話は沖縄を歩くと、あちこちから聞こえてくる。

滅失した戸籍を再製する作業の中で、戸籍がひも付けたそれまでの人間関係を断ち切り、新たな自分になろうとした人も少なからずいた、ということなのだろう。

「これほど短期間で、スムーズに移行ができたのは、関係者の尽力以外の何物でもない」

前述の新谷の手記はその必死な日々を十分に言い表している。だが一方で、捨て置かれた人々もいる。

移民と無戸籍問題

沖縄と戸籍を語るにあたって語らなければならない、もう一つの問題が海外移民である。

明治維新(一八六八年)とともに始まった海外移民は、沖縄県がいちばん多い。貧困に喘ぎ、新天地に自らの人生の転機と展開を夢見た人々は過酷な労働条件や、戦争等の政治状況に翻弄されていく。そして、祖国日本での居場所、拠り所だった戸籍を失うことも伴う。

まずは当時の海外移民の状況を見てみよう。

封建社会の末期、近代化とそれに伴う急速な社会変化の中で、経済構造が変わり、農村部を中心に余剰労働力が発生するようになる。そこから「出稼ぎ労働者」として、海外を目指す人々が出てきた。当初は永住を目的にするものではなく、あくまでテンポラリーな期間労働者としてであった。

明治元(一八六八)年に出発した「元年者」と呼ばれる一団は、横浜在住のアメリカ商人ユージン・バン・リードの手配で、約一五〇人がハワイの砂糖プランテーションへ、四〇人がグアムに送られた。

江戸幕府からは承認を得ていたものの、かれらにとっては最悪のタイミングで明治維新が起こった。明治政府に変わって移民のための渡航は認められず、かれらは許可や旅券を受けることなく日本を出国せねばならなかった。しかし、現地で奴隷とも思える重労働と過酷な労働環境に喘ぎ、結局は明治政府に救出されることとなる。「元年者」の失敗もあり、海外移民はこの後約二〇年行なわれず、替わって北海道開拓が推進された。

再び本格的な海外移民が始まったのは、一八八五年のことだ。日本とハワイ王国(当時は独立国)の間で「官約移民」条約が締結され、日本人労働者が三年契約で砂糖プランテーションへ送られることになった。以後、約一〇年で総計約二万九〇〇〇人の日本人がハワイへ渡航した。

さらにニューカレドニア、オーストラリア、フィジーなどへも渡った。当時の日本にとって国内の余剰労働人口をどうするかは、死活問題だった。北米へもこうして多数の日本人が渡ったが、やがて日本人人口の急激な増加は白人の人種的恐怖心を煽り、日本人排斥運動を引き起こすに至った。結局、排日運動は議会を巻き込む政治運動に発展し、一九二三年にカナダが、翌年にはアメリカが日本人移民入国を禁止。以後、ブラジルが日本人移民労働者の主要な渡航先になった。

一方で、日本は日清戦争後に台湾を公式に日本領土とし、一九一〇年には韓国併合、第一次大戦後には旧ドイツ領ミクロネシアを委任統治領とすると、こうした地域に日本人移植民が流入した。

満洲国が建国されると、家族、村単位で、定住移民を送るという事業が始まり、敗戦まで大量の移民が渡航し続けることとなった。

第二次世界大戦後の数年間で旧植民地や交戦地域から六〇〇万を超える軍人や移民が日本に帰還すると、再び日本には労働力の余剰が生まれ、移民政策は復活する。一九五一年のサンフランシスコ講和条約で独立が決定すると、政府はラテンアメリカ諸国と次々条約を結んだ。ブラジル、パラグアイ、アルゼンチン、ドミニカ、ボリビア。最後の移民船は一九七〇年である。

外務省統計によると、一九七二年の時点で、総計一三五万人以上の日本人および日系人が日本国外に在住していた。この中で、特に沖縄からの移民が四割を越えると言われる。沖縄以外では、熊本、広島、和歌山、山形などで、貧困にあえぐ地域からが当然だが上位に来る。

沖縄の場合、地上戦で戸籍が焼けてしまったことで、海外移民で国外に出ていた人々の戸籍を回復するのは難しい作業になった。沖縄に親戚等がいる場合等は移民に出ている人々をも反映した戸籍が作られるが、そうでない場合は捨て置かれる。こうして沖縄では二〇〇〇人の無戸籍者が出た。福岡戸籍事務所との二重登録の問題も含めて、当時の混乱の中では海外在住者に対してまで十分に配慮することができなかった。

その後、戸籍作成の業務を大使館、領事館で行なうなどの工夫を行ない、完全ではないにせよ戸籍の再製を行なったが、すべての日本人が戸籍を回復したわけではなく、海外での「無戸籍の日本人」となった。

見えない戸籍　日系人という「無戸籍の日本人」

海外に在住しようが日本人である限り、日本国内の本籍地に戸籍が存在する。

一九五一年までの日本は国籍離脱を認めていなかったため、日本人であることのメリットを感じず、むしろマイナスとなったとしても日本人であり続けなければならなかった。移民一世の中には国籍を離脱しないことで、差別に遭うことも頻繁にあったという。「日本人」を親に持てば、その子は「日本人」である。しかし、日本国籍を選択してしまうと不利益になることも鑑みて、移民の二世、三世、四世は現地の国籍を取得し、「日本人」ではなく「日系人」として位置づけられる。

実質移民政策と言われる外国人労働者に関して、日本では日系人には在留許可や雇用助成金等の優遇措置を設けて、受け入れを促進してきた。また、そのビザにはさまざまなパターンがあり、これを見ると日本が国籍や戸籍についてどう考えているのかがよくわかる。

まず、法務大臣が特別な理由を考慮して一定の在留期間を指定して居住を認める「定住者ビザ」には、告示定住と告示外定住の二パターンがある。定住者ビザには日本においての行動範囲の制限はない。告示定住についての対象者は次の人々だ。

「日系二世」「日系三世」「日系四世のうち、日系三世の扶養を受けて生活する未成年の未婚の実子」。ただし「定住者」は「永住者」とは違って在留期限が指定されるため、ビザの更新が必要になる。

一つひとつ見てみよう。まずは日系二世の場合だ。

定住者ビザが該当する日系二世とは、元日本人の日本国籍離脱後の実子を指す。ただし、親である元日本人が〝日本人の子〟として出生した場合に限る。反対に、親である元日本人が日本国籍を離脱する前に生まれた子どもである場合は、定住者ビザではなく「日本人の配偶者等」ビザが該当する。

日系三世以降のパターンはさらに複雑になる。

「日本人の孫」「元日本人（日本人の子として出生した者に限る）の日本国籍離脱前に生まれた実子の実子」「元日本人（日本人の子として出生した者に限る）の日本国籍離脱後に生まれた実子の実子」。

日系四世の場合は以下の通りだ。

「親の扶養を受けて生活していること」「親が一年以上の在留期間を指定されている定住者ビザを持っていること」「未成年であること」「未婚であること」。

一般的に、年齢が高くなるほど定住者ビザで不許可になる可能性が高くなる。そして、さらに求められるのが「素行善良要件」なのである。

素行要件とは次のようなものだ。

「日本又は日本以外の国の法令に違反して、懲役、禁錮若しくは罰金又はこれらに相当する刑に処せられたことがある者。（道路交通法違反による罰金、これに相当する刑を除く）」

日本人であれば日本に住むことも、学ぶことも、働くことにも素行善良要件はない。日系人に対してこの要件を設けることを見るだけでも、日本の血統主義は「便宜的血統主義」であることがわかる。つまりは血統を重んじているようで、そうでもないのである。これが出生地主義の国であればわかるが、血統主義を取っているというのになぜ、血統だけで見ることができないのだろうか。血の濃度に合わせて担保を取る、とでも言うのであろうか。

「便宜的血統主義」であることは、さまざまな施策の行き詰まりの原因でもある。

本来は「日本人」であるはずのかれらは、見えない戸籍の庇護と差別を受けた「無戸籍者」でもあるのである。

2　旧樺太・サハリン「本籍消滅」で無戸籍となった人々

「内地」だった樺太

北海道の最北端、宗谷岬の北、約四三㎞に位置する島、樺太・サハリン。

江戸時代、幕府直轄領として蝦夷地と呼ばれていたこの島は、一八五五(安政元)年にロシアと交わした日露和親条約の時点では日露両国民混在の土地とされていた。

しかし一八七五年の千島樺太交換条約で、明治政府が樺太を放棄したため、いったんは全島がロシア領となる。その後、日露戦争で戦勝国となった日本が、一九〇五年のポーツマス条約により北緯五〇度以南を再び領有することになり、以後、第二次世界大戦敗戦までの約四〇年間、日本による樺太各地の開拓が進められた。

樺太は朝鮮、台湾と異なり、住民のおよそ九割を日本人が占めていた関係から、一九二四年に植民地では唯一内地の戸籍法が施行され、一九四三年から内地に編入された。

樺太アイヌについては、内地人と同化が進んだという理由で一九三三年から戸籍法が適用され、「内地人」に含められた。それ以外の原住民は戸籍法の適用外に置かれ、「樺太土人戸口規則」(一九〇八年樺太庁令第一七号)に基づく戸口調査によって管理され「樺太土人」と総称された。

冬にはマイナス三〇度にもなる地域ではあるが、豊かな水産資源や森林資源を持つ樺太の活用は当時の日本にとって重要で、日本政府は稲作の北限を上げることや、タンパク源になるトナカイ等の養殖や品種改良が可能か等の実験などを中央試験場において行なっていた。

北海道、富山等から、集団で日本人が入植した。人口が増えるとともに豊原市(現ユジノサハリンスク市)を中心に、王子製紙工場の巨大な煙突がシンボリックなパルプ業や炭鉱業、水産業などが発展し、それとともに島内各地では京都のような美しい碁盤目状の街並みが形成されていった。

樺太に対する施政開始直後の一九〇七年には約二万人であった島内人口は、一九四一年には四〇万人に達する。

旧樺太庁博物館として建設された、和式城郭風建築のサハリン州立郷土博物館には、旧樺太神社から移設された狛犬が鎮座し、太平洋戦争以前に天皇と皇后の「御真影」と「教育勅語」を安置した奉安殿がここにも残る。

八月一五日後も続いた地上戦

第二次世界大戦末期一九四五年八月九日。樺太では、ソビエト連邦が日ソ国境線であった北緯五〇度線に侵攻。日本本土が終戦を迎えた八月一五日以降も、樺太では各地で激しい地上戦が続き、多くの一般市民が戦闘に巻き込まれた。同月末には樺太全島がソ連の支配下となり、以来、現在に至るまでロシアが事実上の統治国となっている。

日本人の引き揚げは戦局の転換に大きく影響されながら、八月一三日から、宗谷海峡がソ連軍によって封鎖される八月二五日直前までの間、樺太庁等で事前決定されていた「樺太緊急疎開要綱」に基づき、北海道への疎開が実施された。

内容は次の通りである。
①緊急疎開は樺太庁長官を最高責任者にし、必要な鉄道、船舶をその指揮下に入れる。
②このため三者は内密に、軍、官、民の船舶関係者と連絡、万一の場合できるだけ多くの船

船を樺太に回航できるようにしておく。
③乗船、乗車は長官の定めるところにより、軍、官、民同時で同権とする。
④人心の動揺を避けるため、この構想は外部にもらさない、極秘とする。
ただ、この緊急疎開対策はあくまで米軍の樺太上陸に備えたもので、ソ連の参戦はまさに青天の霹靂で、樺太庁は一〇日に緊急疎開の方針を確認すると、疎開の開始を一三日とした。

この方針に沿い、海軍艦艇はじめ、小型船まであらゆる船舶が動員されて、大泊町、本斗町が送出の中心地になった。

緊急疎開の対象者は一三歳以下の男女及び一四歳以上の婦女子とされたが、この時、相当数の老病人、傷痍軍人や引率者が疎開したとされる。

しかし、この際の引き揚げは、命令伝達の不徹底のため全市町村の三分の一の疎開は実施されず、また豊原市からの一万人におよぶ疎開者は官公吏警察関係の家族の輸送が圧倒的に良好な一方、一般人の疎開は非常に難儀し、日本帝国の他地域での引き揚げで見られたような官民の「不公平」性も存在した。

そうした中で、三船殉難事件が起こる。日本の降伏文書への調印予告、および軍隊への停戦命令布告後の一九四五年八月二二日、北海道留萌沖の海上で日本の引揚船三隻(小笠原丸、第二新興丸、泰東丸)がソ連軍の潜水艦からの攻撃を受け、小笠原丸と泰東丸が沈没して一七〇八名以上が犠牲となった。一九四六年春以降、サハリンと北朝鮮、大連のソ連占領地区からの日本人引き揚げが米ソ間で協議されるようになる。一一月二七日には「引揚に関する米ソ暫定協定」、一二月一九日には、「在ソ日本人捕虜の引揚に関する米ソ協定」が締結され、サハリンと千島地区からの引き揚げが開始し、一九四九年七月の第五次引き揚げまでに二九万二五九〇人が引き揚げた。

引き揚げの実態

二〇一五年、貴重な記録が出版された。『日本領樺太・千島からソ連領サハリン州へ　一九四五年—一九四七年』(エレーナ・サヴェーリエヴァ著、小山内道子訳、サハリン・樺太史研究会監修、成文社)と題されたこの本は、ソ連時代には極秘扱いとされた文書が冷戦終了後の一九九二年に公開されたことに伴い、半ば禁止されてきたソ連における第二次世界大戦後の研究が解禁されたこととの成果を踏まえている。引き揚げも含め、ソ連側から見た樺太の状況がつぶさにわかるようになった。

日本人住民の大多数はなんとかして日本にいる家族、親戚と連絡をつけようと必死で、不法に国境を越えようとした。この密航には金額が設定してあり、サハリンの海岸線から搭載ボートにのせて、北海道から来た小型船に乗せる。サハリンから小型船までは二〇円。小型船から北海道までは何と一〇〇〇円だったという。

南サハリン州民政局の一九四六年七月一日のデータによると、サハリン島南部には戦前からの住民が三〇万五八〇〇人残留しており、うち二七万七六〇〇人が日本人、二万七〇〇〇人が朝鮮人、四〇六名がアイヌ民族だった。この数は、日本や朝鮮側が残している数字とはずれが生じている。こうしたところも統治の委譲時に戸籍の滅失他登録の混乱があったであろうことを推察させる。

戦時捕虜と一般市民の帰国を実現するために、ソ連邦閣僚会議に全権が委ねられ、祖国に出発しようとする捕虜、一般市民の「集合」「登録」「引揚者収容所の管理」等が行なわれた。この費用は日本政府が支払うことが前提条件とされ、集合収容所、トランジット用収容所が設置された。引き揚げ希望者は、真岡港に作られたこれらの収容所に、引き揚げ船の乗船七二時間前に到着し待機していなければならなかった。

引き揚げの実施には州と地区に引き揚げ問題委員会が創設され、この二つの委員会が引揚者の登録、出発の順番を決定し、さらには日本人の財産問題の処理にあたった。

帰国船については新聞に公告を掲載している。

「最初に、日本に家族又は家長のいるものを帰国させる。対象者は居住地の民政局に呼び出しを受ける。出頭命令のない者からはいかなる申請、請願も受け付けることはできない。また、職場からの離脱も許可されない。次回の引き揚げは一九四七年四月に開始される予定である」

引揚者リストに定められた帰国出発の順序は、第一便は日本に家族のいる企業オーナーとその企業幹部、官吏、インテリゲンチャ、会社員と書き込まれていた。

その後に労働者と、一九四七年の農作物収穫を終えた農民と、農村の勤め人の一部。引き揚げ順番の最後は、医者、教員、技術者、宗教関係者だった。ソ連政権はソ連人の入植が思ったように進まず、日本人の引き揚げのテンポを遅らせようと、見直しを何度もやった。労働者不足のために、生産活動を中止しなければならなくなる企業も出て来たために、やむなく日本人労働者の引き揚げのテンポを遅らせていったのである。

樺太からの公式引き揚げはいったん一九四九年七月に終了する。これは戦争による民間人の引き揚げのうち、最後であった。しかし、その最終引揚者からは「樺太になお二三五六名の日本人が残留しており、その内ソ連人、朝鮮人の妻となった者が約一〇〇〇名居り、他は服役者(約五〇〇名)と、ソ連諸機関に留用されているもの及び残留希望者である」との情報がもたらされた。

「ソ連人、朝鮮人の妻となった者」

一九五六年の日ソ国交回復以降、一九五七年まで、また実際には一九五八年まで帰国船はあった。一九四九年の段階で帰れなかった人々が、続々日本へ戻っていった。しかし、この機会をもってしても、そこには、帰還船に乗りたくても乗れなかった人々をとり残すこととなる。「サハリン〝残留〟日本人」である。日本政府は、かれらを「自己意志」で残ったとし、一九八〇年代後半まで日本人と認めてこなかった。

ここに「戸籍」の問題が絡む。一九四九年の引揚者が指摘した「その内ソ連人、朝鮮人の妻となった者が約一〇〇〇名居り」。

まさに、日本人の妻となった朝鮮人他は日本に〝帰国〟できたものの、朝鮮人と結婚した日本人女性は帰る術を失ったのである。

全土がソ連領となったサハリンで、彼女たちは日本人であること、その証明である「戸籍謄本」を隠して生きなければならなかった。残留者は親の死後見つけた戸籍謄本を棺の中に納め「せめて魂が日本に帰りますように」と祈る例も少なからずあったという。

戸籍がないから帰れない。戸籍があっても隠して生きたために帰れない。それ以上に、今ある暮らし、子どもの存在が帰国を思い留まらせる。現在は永住帰国をしている元サハリン日本人会会長の近藤孝子の例を始めとして、こうした事例は枚挙にいとまがない。

「本来、戸籍原簿なり、戸籍を証明するものを持ち帰るのは樺太庁、国の責任ではないか。残留を余儀なくされた人については早めに、国が本籍を特定したり、名簿の公開をすべきではなかったか。戦後一歳や二歳で親にはぐれたものに、その証明をせよというのは誠に酷な話である。国が保管している引揚者名簿をもっと活用すべきである」

帰国事業に尽力した元日本サハリン同胞交流協会会長の小川峡一《ようい ち》はそう語っている。

「この子がいたら日本に帰れない」

松崎節子は一九三三(昭和八)年生まれ。

一二歳の時に終戦。父が死に、兄はソ連兵から馬泥棒の濡れ衣を着せられ、シベリアに送られ、以来、天涯孤独の人生となる。

生きていくために、一五歳でやむなく朝鮮人と結婚する。

「嫌だって言ったの。だから、夜になると何枚も何枚も着物を巻いて、解けないようにしていたの。そしたら、相手がどんどんやせていって。家族がかわいそうだと、二人だけで住むような家を用意されてしまった」

ほどなく、子どもが生まれる。

「わしは日本に帰りたいでしょ。この子がいたら日本に帰れないと思うと、憎くて。弱い子で、二カ月ぐらいで娘死んだとき、わし、踊りました。今考えると、そんなにも日本に帰りたかった。母親としての愛情がなかった。わしが子どもだった」

最初の夫からも、その家族からも節子に対する執拗ないじめがあった。日本人、日本軍への恨みを節子にぶつけてくる。耐えきれず、次に生まれた三つになる娘を連れて逃げた。

「夫が仕事に行っている間に、犬に黒パンをやって、吠えないようにして。製糖工場抜けて、駅まで子どもをおぶって駆けた。お金がないし、汽車賃もないけど、ともかく駅に行った」

当時は混乱していたから、切符がなくても汽車に乗れた。「こそこそしないで、堂々としていたら、誰も調べもしなかった」

豊原(ユジノサハリンスク)から終点の地で降りた。

腹をすかせた子どもと停車場で黙って座っていたら、朝鮮の男が寄って来た。身なりからするとそんなに悪い暮らしをしている人ではないと思った。

「その人が「誰だ?」って聞くから、日本人ですって答えたら、日本人? ここには日本人はいない、初めて見たって言われた。誰も頼る人いないのか? オレんち行くべって」

ついていくと、男には妻と子どもが二人いた。「日本人はいない」と言っていたが、実は妻は日本人だった。そこで一カ月暮らすうちに、独身の弟を紹介されて、結婚した。

「新しい夫はいいとか、悪いとか、わしの立場では言えない。そしてだんだん暮らしているうちに韓国の厳しいしつけが始まった。何のためにそんなに厳しくするのかって、わしが日本人だから。日本人のために韓国帰れなかったって、兄さんと旦那さんと二人でいじめる。兄さんがするから旦那さんもしかたなくいじめる。子どもそこで一人生んだけど、ここで暮らすことできないと思って、とにかく日本に帰ろうと思った」

「五八年の最後の疎開の船に乗っていこうと思っていたの。汽車が駅について波止場までは歩いて三〇分。今だったらタクシー呼ぶんだけど、当時だからそんなのはないわ。一所懸命に歩いて波止場着いたら、船が出て行くじゃない。くやしくてくやしくて、跳んだり、地面を踏んだりした。そんな、わしを見て上着を回して、さよならーって。みんな勘違いしているのよ、見送りに来たって。「待って！　待って!!　わしが乗るの!!」とジャンプをしたり、大声あげたりしたんだけど、船に乗った人は大げさに見送っていると思うだけ」

帰国船は出ていき、節子の人生は閉じられてしまった。

「死ねば日本に行かれねけど、晩の一二時、海で死のうと思って、波打ち際に行くと子どもの顔が浮かぶ。泣きながらまた戻って来る。これが三回。結局死ねなかった。寿命じゃなかったんだね」と笑って話す。

生きていた兄と叔父

シベリアに行った兄が生きていたとわかったのは、節子が四九歳の頃だ。兄はロシア人と結婚し幸せな暮らしをしており、ずっと節子を探していた。きょうだいは奇跡的な再会を果たす。

「兄が、会ったとき、わしの首の周りを必死で触って、大きなイボを見つけると、ホンモノだ、ホンモノだって。わしには小さな頃から、このイボがあったんだ」

日本政府は松崎節子を確認できなかった。戸籍はイボほどの役目も果たさなかったということなのだろうか。

天涯孤独と思っていたが、日本には樺太から帰国していた叔父が生きていて、一九九〇年、節子はこの叔父の招待で念願の一時帰国を果たす。以降、叔父が亡くなった後も親族が節子の一時帰国に好意的にかかわり続けている。

サハリンにある節子の自宅にはいつも日の丸がかかっている。

「帰らない」選択

「日本に帰ってね、樺太の時の担任の先生に会ったら、勤労奉仕に行ったときの樺太の芋、おいしかったね、って。みんなそれだけだよ、覚えているのは。勉強する暇なんかないよ。勤労奉仕に、竹槍もしなくちゃいけないからね」

中畑ハナ。一九三二(昭和七)年樺太に生まれた。両親がどういう経過で樺太に渡ったかはわからない。ハナは昭和五年に結婚したかれらにとって初めての子どもだった。戸籍を見るとハナの両親は実父母ではなく祖父母となっている。妹弟たちは父母の子となっているのに。

父は終戦の年、ヤミ煙草を扱っていたことで投獄。以来、一家の生活は苦しくなる。

「戦争終わってから、治安が悪くなってさ。こうしたらロスケ(ロシア人)につかまる、強姦されっから、とにかくおやじ(夫)をもらわないと、結婚しないといけないって」

川上炭坑の配給所で働いていたときに縁談を世話してくれる人がいた。「わちに(嫁に)行くか、行かないか聞かないで決めて来たんよ。なにしろ当時の樺太には男の人が少なかった。

「米も余分にあるかもしれないから苦労しない」と言われてさ。で、結婚しようと思ったら、

「あれは酒飲むから、行くな」って言われて。もちろん不安もあったさ。でも、そのまま結婚したんだよ」

一九四七年のことだ。ハナは一五歳だった。同じ年ハナの母親も再婚した。四歳、六歳、七歳、一三歳となるハナの妹弟を置いて。ハナの祖母はこのことを最後まで許さなかった。

「そのうち、夫は炭坑に行けって言われて。わち、二〇歳のときだよ。炭坑に行ったらとんでもなく働かされる。夫も行かないと言ったけど、拒否したら刑務所だ。逃げていくべと、豊原に行くことにした。わちも妊娠してお腹おっきくて、歩って行く、豊原までだよ。歩いて、歩いて。汽車乗れないさ。食べるものもない」

臨月を迎えようとするハナ夫妻を助けたのは、夫の知人だった。

「鳥小屋でよければ、直して住めってさ。行くとこないから、そこに住む。ニシンの箱買っ

て来て、それ机にしてさ、住むべって」

さっきまで本当に鳥がいた小屋は四畳ぐらいの狭さだったが「それでも自分の家」。二九歳になる夫は手先が器用で、生活力が旺盛な人だった。ストーブもどこからか調達してきた。

ともかく腹が空いた。「ニシン、ハラ切っていないヤツ、買ってきて三つに切って、朝昼晩食べて、毎日だよ。粟を買いに行くんだけど、一日一回の配給だから、もうすごい人なんだよ。並んでも押され出されたりしてね、今日はダメだとか。粟の中にニシン入れてお粥作ったさ」

そうこうしていると、夫が家を建てる、と言い出した。材木を切り出して全部自分で建てた。

「子どもたちにも言うのさ。お父さんは三〇歳で家建てた。お前たちにできるか？って」

学校で一緒だった周りの日本人たちは次々引き揚げていく。しかしハナは帰れなかった。

「帰れないもん。お前は帰れないって。おばあちゃんが言っていた。母さんが再婚しているから、お前は無理だって。戸籍のこともあるともね。それに女は嫁に行ったら男と一緒に暮らすという法律だからって」

ハナの父が刑期を終えて戻って来たときに、母には再婚相手との間に二人の子がいた。母は新しい家族とともに一九五八年に日本に引き揚げた。

ハナには母のような選択はできなかった。

「ばあちゃんが言うんだ。おめは偉いって。お前の母さんは子ども置いていった。ハナ、死ぬまで生きなければダメだ。いいときもある、悪いときもあるけど、死ぬまで生きねばダメだって、何度も言った」

ハナは救急病院の看護助手として働く一方で、夜勤明けの日は掃除婦としても働いた。子どもたちを育てるために必死だった。祖母はロシアに帰化して生活に余裕が出ていた。家には牛も馬もいる。時折ハナを訪ねては、家で挽いた小麦粉やバターをもって来てくれたが、バターの食べ方がわからず、貴重なものとも認識していなかったから人にあげていたという。

樺太で生まれて育ったハナだが、いつも帰りたいという気持でいた。一九九〇年の第一次の一時帰国で日本の地を踏み、叔父たち、親戚に会う。

「おじさんから「ハナ子、お前日本に来て住みたいか？」って聞かれたから、言ったんだ。子どもたちいるから、帰れないって。そしたら、「家くれるといったって、子ども投げてはいけない。お前は本当の母さんだ。お前はえらい」って」

「国籍がない」泣く子どもたち

サハリンで暮らすことを決意したハナや家族にとって、もっとも大きな試練は国籍だった。

ハナの夫は朝鮮人で、南北分断されて韓国となった故郷に帰りたいと切望していた。米ソ対立が激化する中で韓国は反共の砦ともされ、社会主義国家の貫徹を目指して再建中のサハリンにあっては、敵対行為を当然とする韓国に帰りたいと望むなどあってはならないことだった。望郷の念を抱く多くの韓国側出身者は日本人同様、「無国籍」のまま生きていた。ハナの夫もそうだった。「ソ連」にすると、戻れないと思っていたからだ。

ところが、この国籍がソ連でないことで、社会的、法的な不利益に加えて、さまざまな社会的圧力が加えられた。何しろ不便なのだ。

子どもたちは学校でソ連籍だと配布されるものが、自分たちはもらえなかったと言っては泣いた。バッジや文房具はもとより、何より進学問題は深刻だった。奨学金や、サハリン以外の大学で学びたいと思っても叶わぬ夢となってしまう。ソ連籍に変えさえすれば選択肢は格段に広がる。韓国に戻りたい一心の夫は反対で、夫婦、親子ともいつも大げんかだった。

ハナはある時に決意する。

「ソ連のパスポートもらってソ連人になる。私はもらう。子どもたちももらう。あんたももらいたかったらもらえって」

夫も抵抗しつつも、仕方なく申請した。

「家の部屋の真ん中に新しいのと古いのとパスポートを二つ置いて泣くんですよ、旦那が。でもソ連人でなければ子どもたちは勉強もできない。この国に住んでたらしかたない」

夫は、仕事に行ってもふさぎこんだ。そして、酔っぱらっては子どもたちに聞く。

「母さんもおやじも死んでいなくなった。おじさんも誰もいない。でも、韓国に帰りたい。韓国に行くか？　父さんと一緒に行くか？」
「行かない」
子どもたちがそう返事をすると、夫は暴れた。
「「行く」って、言うだけ言えって言ったのさ。どうせ本当には行かれないんだから」

サハリン残留韓国・朝鮮人問題

夫は第二次世界大戦中、企業による集団募集でサハリンに渡った朝鮮人だった。前述の南サハリン州民政局の発表数とは異なるが、帰国事業に関わった弁護士の高木健一は戦争が終わった段階で、サハリン残留朝鮮人は四万三〇〇〇人としている。四〇万人いた日本人が次々引き揚げる中で、朝鮮人については、日本人妻の同伴家族として帰還した一〇〇〇人あまりを除いて多くが残留を余儀なくされた。

戦時中に働いた賃金や預貯金も未精算のまま、サハリンに取り残された。ソ連が行なったロシア人のサハリン移民政策が計画通り進まず、労働力として必要不可欠と判断されたということもある。

南北に分かれた朝鮮は帰国事業に関しても政治的な対応の違いが起こる。北朝鮮出身者については北朝鮮政府による帰国キャンペーンが大々的に行なわれ、一九五九年から八〇年代まで約九万三〇〇〇人が北朝鮮に戻った。ハナの友人たち幾人かも北へ帰った。しかし、かれらのその後の消息はわからない。

一方で、ソ連と政治的対立があった韓国側の出身者たちの帰国事業は、日本政府への働きかけを通じて行なわれた。一九五七年から始まった運動は日本での家族との再会を実現し、八一年には三人、八二年は一人、八五年は六人、八六年は二一人、八七年五〇人と三〇年の月日をかけながらその数は徐々に増えていった。

一九八八年のソウルオリンピックやソ連のペレストロイカ等が追い風となって、日韓両赤十字社による「在サハリン韓国人支援共同事業体」が発足し、日本政府が資金を出しユジノサハリンスク―ソウル間のチャーター便を飛ばし、月に一度のグループ渡航が始まったのは一九九〇年のことだ。

あれだけ故郷に戻りたいと言っていたハナの夫は一九八八年に亡くなり、間に合わなかった。一九九〇年、ハナは残留韓国人の家族としてソウルへ向かう。亡くなった、と夫が思い込んでいた義父は九〇歳で存命だった。弟の息子はソウルでテレビの仕事をしているエリートだ。もし夫が生きていたら、どんなに喜んで自慢したかと思う。「裸でも親のところに帰るんだ」といっていた夫。帰れない者の気持は、日本人であろうが、韓国人であろうが、変わらない。

「夫も、妹、弟、父さんが違う兄弟たち、みんな死んだのに、わちひとりだけが生き残った」子どもたちが暮らすロシアを離れるわけにはいかない。でも、可能な限り一時帰国で日本の地を踏み続けるつもりだ。

ハナは祖母の言葉を思い出す。「死ぬまで生きろ」。戦争で人生を翻弄されたすべての人の分まで、今に続く「戦後」を生き抜くのだ。

終戦時はお腹の中

佐藤静子はサハリン在留での最も若い残留日本人の一人だ。終戦時は母のお腹の中にいた。妊娠三カ月の胎児だった静子は、翌一九四六年三月にサハリンで生まれた。

父母がいつ樺太に渡ったのかもわからない。両親は三歳の時に離婚し、実父のことはまったくわからない。母は再婚して朝鮮人の夫と暮らしていたので、聞くことも憚られた。

家の中で、静子に対して母は日本語を使ったので静子は日本語が話せる。就学年齢に達して朝鮮人学校に入ると、それがいじめにつながった。のちに朝鮮学校は閉じられロシア学校に統一されていくが、どの場面でも静子には「日本人」がついて回った。

母の本籍は青森と聞いていたが、再婚した夫が朝鮮籍だったからか、知らないうちに国籍も民族籍も朝鮮になっていた。詳しい経緯を聞けないうちに母が亡くなったので、背景も知らないし、聞かれても説明することもできない。「日本人」を背負いながら生きてきたというのに、肝心の日本からは長いこと認められなかった。

静子の母には兄がいた。一九四八年か四九年に引き揚げたと聞いた。伯父への細い糸を辿り見つけることができた。伯父は、引き揚げの日に見送りに来た小さい静子の姿を覚えていた。日本に帰国したいと思い始めてから、伯父とは手紙や写真のやりとりをしていた。四六年ぶりの再会の二カ月後。伯父は亡くなった。

静子はサハリン州ポロナイスクのデパートで衣料品を売る仕事をした後退職して、年金生活に入っているが、日本に永住帰国をしたいと思い、幾度も申請を出したが却下され続けている。永住帰国事業の対象者は一九四五年九月二日以前から引き続き居住しており、日本国民として本邦に本籍を有していた者、また同月三日以降に生まれた子とされているのだが、静子の母の戸籍が確認できないため、静子も伯父の姪としての一時帰国の対象となっても、母の子としての永住帰国者とはなることができないのだ。

それでも静子は日本に帰りたい。一度も暮らしたことのない「故郷」に。

「どうして、そこまで?」と聞くと、ちょっと考えたのちに言った。

「母の国だから」

現在、静子はサハリンの残留日本人のとりまとめ役として活動している。母が残してくれた日本語を愛しそうに使いながら、日本から来る人々や高齢となったサハリン在住の日本人たちの世話を焼く。

静子には日本の戸籍も、国籍もない。しかし彼女もまぎれもなく「無戸籍の日本人」である。かれらは、ペレストロイカ以前は「民族籍」が書かれたパスポートを常に携帯させられた。戸籍に翻弄されるあまりに理不尽な運命を、かれらは一度ならず二度三度と経験をしている。

そもそも日本政府からは自己意志で残ったといわれ、日本人であること自体も否定された。一方、サハリンでは「日本人」というだけで差別され、実際に悲惨な目に遭った。

松崎のような例は多い。帰国をしたいが状況が許さない。その後、環境が変わって帰国を望んだが、パスポートの民族籍で阻まれたケースも多い。サハリンに残った日本女性の多くが「生きるために」朝鮮人と結婚した。戦前は朝鮮人も日本人であり、朝鮮が二つに分かれることも想定されていなかった。たとえば、朝鮮人夫は無国籍、日本人妻は北朝鮮籍、その息子はソ連籍という家族もあった。日本外務省はこの三人に入国許可を出したが、実際に来日したのは夫と息子のみ。日本人妻は在ソ北朝鮮領事館からパスポートを発行してもらうことができず、帰国できなかった、という事例などもあった。

一九六五年から「サハリン墓参」が始まり、既に日本に帰国したかつての「島民」がサハリンを訪ねて来るようになった。

サハリン残留者にとって離散した肉親の消息を知りうる貴重な機会になった。しかし、両者が墓地などで会うことは黙認されたが、ソ連の警察の監視下にあり、墓参団に託された肉親からの小包や手紙は徹底して調べられた。一九八六年に改革政策ペレストロイカが開始され一九九一年のソ連崩壊までの一連のソ連の変化により、日ソの厚い壁が崩された。

展開があったのは一九八八年のことだ。同年サハリンの外国人立ち入り禁止区域が解除された。一九八九年に「樺太(サハリン)同胞一時帰国促進の会」が発足し、同会が国に働きかけた結果、一九八〇年には三〇〇人を目標に残留日本人の一時帰国事業も始まり、離散家族の再会が実現した。

この事業により一九九二年までに三七一名が一時帰国した。同会は、「サハリン残留者全員の希望がかなうまで続けて欲しい」との要望をうけ、「日本サハリン同胞交流協会」に衣替えした。延べ三五〇九名が一時帰国し、三〇五人が永住帰国した。一時帰国事業は日本サハリン協会に引き継がれ、現在も続いている。

3 植民地と「戸籍」「国籍」

近代国家においては、「国民」と「国民以外」、つまり「外国人」の区分は「国籍」によって決まる。

第二次世界大戦以前の日本は戸籍を用いて植民地出身者の帰属国籍を決定していた。

一九二九(昭和四)年、植民地経営を円滑に行なうため、日本は拓務省を創設する。台湾、朝鮮、南洋諸島および樺太などが配属されるが、他の植民地と樺太は同列ではなく、他が「外地」とされるなか「法律上外地」とされた。一九四二(昭和一七)年、拓務省は分割され、大東亜省および内務省に編入され、樺太は内務省下となり、名実共に日本国内地となる。

この「内地」「外地」の棲み分けは戸籍によって行なわれた。

「植民地」における朝鮮人の国籍・戸籍と法的地位

近代国家においては、「国民」と「国民以外」つまり「外国人」の区別を決めるもの、それが「国籍」である。

では、帝国主義で獲得した植民地に住む人々の国籍はどうだったのだろうか。

第二次世界大戦前、日本は「戸籍」を用いて植民地出身者の帰属国籍を決定していた。植民地出身者、すなわち外国人は戸籍への編入が日本国籍保有の公証とされた。また、日本にとって戸籍は、植民地の人々に対する警察行政を機能させるために必要不可欠なものでもあった。

近代日本の植民地統治は、対外的には植民地出身者の国籍を日本にすることによって画一的に統轄する一方、内政においては戸籍を使って血統的・民族的に峻別していた。適宜「日本人」と「外地人」を使い分けることで、日本にとっての利益、利便性を追求していたのである。

一九一〇年の朝鮮併合条約によって、すべての朝鮮人は日本国籍保持者であるとした。これを根拠として、朝鮮人は居住地域にかかわらず日本の統治権の範囲内に含まれるとされた。その一方で、一九二二年には朝鮮戸籍令を制定し、朝鮮戸籍から内地戸籍への転籍を禁止した。植民地人に付与する「日本国籍」は、「日本国民」としての同等の権利等は与えられない、きわめて差別的なものだった。

たとえば「国籍離脱」に関しては、当時日本の国籍法では国籍離脱の手続きが定められていたが、日本は朝鮮人の日本国籍離脱を阻止するために、朝鮮に国籍法を施行しなかった。朝鮮には大日本帝国憲法が及ばないとされたのである。

また、植民地期の朝鮮では域外への大幅な人口移動が起こった。日本の韓国併合が行なわれた一九一〇年までに朝鮮の地以外に在住する朝鮮人は、当時の人口約一三〇〇万人に対して二一万人とされるが、植民地期末期はそれが二四〇〇万人に対して三九〇万人と桁違いとなる。朝鮮民族の六人に一人程度が「朝鮮の外」で生活するようになっていたのだ。

これには、当時の日本政府が進めようとした施策が大きく影響している。戸籍によって日本人と法的にも峻別された「外地人」は、移動の統制を通じて、労働力の過不足の安全弁として機能させられた。内地が労働力不足になれば内地への流入を促し、不況となると制限をかけるという具合である。この「内地」「外地」の棲み分けはまさに戸籍を使って行なわれたのである。

さらに住民の移動施策でも、内地の日本人と外地の扱いには差があることは、一九二九年九月の憲政会の政務調査会での議論が明示している。気候条件や治安、生活条件が過酷なシベリアや満洲等へは朝鮮人を送り出し、日本人はインフラが整備された朝鮮に移り住むといった案が俎上に載せられていたのだ。

一九三二(昭和七)年、満洲が日本帝国の勢力内に入ったことで、朝鮮総督府との間で朝鮮人の満洲移住に関しての調整が行なわれていくことになる。

二年後の一九三四(昭和九)年に日本帝国政府は「朝鮮人移住対策の件」を閣議決定する。そもそも、満洲について関東軍からの要請は五族協和の実現に向けて、「文化の発達した邦人」である「内地人」を移民させたいということだった。朝鮮人ではなく、日本人を大量に移民させることは、治安の維持につながるとの判断もあったが、貧農や農家の次三男にとって満洲移民よりも内地で、大都市の工場への就労などを選択することもできたため、思った程には移民数を確保することができなかった。

こうして満洲でも結果的には朝鮮人の村落ごとの「強制移民」に頼らざるをえない状況とも

なる。終戦時、その数は日本人の移民と同等数だった。

その後、一九三七年には日本男子の兵力動員が進み、内地、外地ともに深刻な労働力不足となる。一九三九年には労務動員計画が作られ、敗戦まで日本内地や樺太の炭坑他での土木建築現場等に、朝鮮人は約七〇万人が動員、配置された。

「外地日本人」の創出　台湾

一八九五年、台湾は日清戦争での下関条約において清国から日本へと割譲が決まる。初代台湾総督の樺山資紀は治安維持の観点から同年に憲兵による戸口調査を実施する。

翌年には「台湾住民戸籍調査規則」を出し、戸主および家族の姓名、年齢、続柄が登録され戸籍簿が作られていく。

ただ台湾においては日本のような家制度がなく、本籍ではなく現在の居住地を基準にして管理するなど、日本の戸籍制度とは違った形で出発している。また届出に関しても、戸主だけでなく、警察や憲兵が実地調査から記載事項と突き合わせて作成することも可能であった。だからこそ、記載事項には種族、前科、そしてアヘン吸引癖等の情報も網羅されている。

ただ、こうした、日本の戸籍とその目的や性格を異にすることで、日本人と台湾人との間で行なわれる婚姻、養子縁組等が、日本で記載されていても台湾戸籍には反映されないといった問題点も浮き彫りになっていた。

また宋代から続く、「保甲制度」を導入することで、家長に届出義務を負わせ、家を基軸として統治・管理を行なう構造を作っていくことは、日本の国体を滲透させる意義もあった。

植民地政策を進める中で、台湾籍民の法的地位を巡って日中間に紛争が生じた場合、中国国籍法との抵触をとりつくろうため、帰化による日本国籍の取得ではなく、下関条約履行時の台湾戸籍への入籍をもって台湾籍を取得とみなすことで、在外「帝国臣民」であるという法的根拠を満たしているとしていた。

こうした渉外的身分行為に基づく便宜的な国籍処理は、現地に「日本人」勢力を創出していく戦略的な戸籍政策に他ならなかった。

4　災害と無戸籍

東日本大震災　津波で流された戸籍

南三陸町は宮城県北東部に位置し、東は太平洋、三方を標高三〇〇～五〇〇mの山に囲まれた豊かな自然環境の中にある。リアス式海岸が生み出す景観は、南三陸金華山国定公園(現在三陸復興公園に編入)に指定されている。二〇〇五(平成一七)年一〇月、平成の大合併により本吉郡志津川町、歌津町が合併して誕生した。

　佐藤文子は、旧志津川町の職員として二〇〇二年から戸籍業務にあたってきたが、それ以前に戸籍窓口担当の経験もある。コンピュータ化以前は、一部戸籍記載システムと和文タイプライターでの記載に神経をすり減らし、なんとか慣れた頃に戸籍の電算化が始まった。大量の戸籍訂正や移行期の諸手続きにようやくめどが着いた矢先に、旧歌津町との合併。戸籍業務はそれぞれの市町村で管理をしているため、コンピュータ化の進度も違えば、システム統合をする場合の文字の同定など、大変な作業が待っていた。

　それも一段落したころ、二〇一一年三月一一日がやってくる。

　今まで経験したことがない長く大きな揺れ。町役場にいた佐藤は地震が収まったのを見計らい、まずはすぐ戸籍システムの電源を落とし、戸籍バックデータなど戸籍関連の書類を保管していた頑丈な金庫に鍵をかけた。

「職員は防災対策庁舎に避難するように」との指示があり、戸籍住民係三人で防災対策庁舎二階の危機管理室に避難した。危機管理室には戸籍サーバーがある。

　そこから、佐藤を含む職員の幾人かは付近の高台にて避難民の誘導にあたることになった。移動のために防災対策庁舎の階段を降りる際、「万が一のことがある。いったん本庁舎に戻ってバックアップテープと戸籍届出書を持っていくべきではないか」との思いが頭をかすめる。

「戻ってくるから」、しかし、その言葉に、上司である課長は避難誘導を優先するべきとの判断をし、佐藤はそれに従った。

戸籍法の施行規則で戸籍簿等は庁舎外に持ち出し禁止ということも頭にあったからだ。事変の時は持ち出してよいとされていたので、持ち出し可能だと判断することもできたが、一九六〇(昭和三五)年のチリ地震津波の際にも、戸籍簿は水を被ったが流失することはなかったので、防災対策庁舎のサーバーまで消滅するとは誰も考えてもいなかった。

そこから北西に約五〇〇m離れた小高い丘の上にあったデイサービスセンターに行き、誘導を開始。たまたまそこでデイケアを受けていた母親を車に乗せて、町の中心部から北西に四㎞ほど山間部に寄ったところにある自宅に戻ることとなった。町内には防災無線の声が何度も鳴り響いていたが、自宅に着くとその声が止んだ。津波が防災庁舎を飲み込み、町指定の避難所になっていたデイサービスセンターや同じ敷地内にあった特別養護老人ホームは一階天井まで津波が襲来し、多くの人が犠牲になったのだった。

「法務局気仙沼支局の副本データも消滅」

佐藤は三日後の一四日、対策本部が置かれていた町総合体育館に出勤した。たくさんの人々が体育館のロビーや廊下に毛布にくるまってうずくまっていた。

死亡届と火葬許可証の発行業務を開始したのは三月一六日からだ。電気も水道も復旧しておらず、事務室に自家発電で稼働していた一台のコピー機とボールペン数本と、メモ用紙数枚しかなかった。

戸籍も住民基本台帳システムもすべて流失し、死亡者の戸籍確認はもちろん不可能。南三陸町に一カ所あった火葬場も使用できない状況で、行方不明者の届出受付と平行して身元確認ができた死亡届の受領と火葬許可証の発行が始まる。自家発電のため最小限の照明しかなく、午後七時になると真っ暗。懐中電灯とろうそくの灯の中で、検案書をコピーしただけの特別許可証(厚生労働省の通知により火葬許可証に代わるものとしていた)を発行した。

体育館に集まった遺族はガソリン不足を訴え、遺体の悲惨さを訴え、いち早く火葬してほしいと訴える。怒号が飛び交う修羅場だった。戸籍については管轄法務局の気仙沼支局から「支局保存の副本データも滅失した」との連絡があり、絶望的な気持になり、足が震えたという。

一方、当時仙台から気仙沼支局に赴任していた本澤総務係長は、大丈夫だろうと思いながらも、一刻も早く出勤したいという思いでいた。気仙沼支局も津波を受け、本澤ら職員は屋上に避難し、ヘリコプターで救助された。津波を想定した避難訓練を行なっていたが、当時想定されていた津波の高さでは、二階以上は大丈夫なはずだった。

普段勤務していたのは二階で、そこが浸水したことに衝撃を受けていた。南三陸、女川で戸籍の原本が流されたことを聞いて、三階に置いた金庫に残ったDATテープが命綱になることを悟った。三階は大丈夫なはず。確かめにいきたい。しかし、道路は寸断され、どうやっても行くことはできない。気持ははやるものの、物理的な状況はそれを許さなかった。

三月二一日道路が開通すると聞いて、早速気仙沼まで仙台から向かった。庁舎は悲惨な状況だった。おそるおそる三階に上がると、金庫はあった。急いで開けると、無傷のまま保管されていた。持っていったバッグの中に、ともかくそこにあったデータを全部入れ込む。大丈夫とは思いながらも、再製できるか確認するまでは安心できない。仙台に戻って、データが再製できたと聞いた時の安堵は、なんとも言えないものだった。

南三陸町では、原本も副本もなくなったために、戸籍を再製するには法務局気仙沼支局に保管されていた昭和二二年からの紙ベースの届出書を仙台本局に搬送して、届出書の入力でのデータ再製をするしかないと、自衛隊に車両の手配を依頼する話が出されていた矢先、気仙沼支局長が来庁。「三階倉庫の一番上に保管していた副本データが無事見つかった」と話したときには、佐藤はうれしさと安心で涙が止まらなかったという。

しかし法務局に送付していなかった二〇一一年二月分と三月一一日まで三九日間の届出書はすべて滅失した。窓口で受理した分は、広報誌等で告知したり、火葬場に保管されていた火葬許可証のコピー、住基データ等と照合できる事件は直接届出を呼びかけた。送付分については仙台法務局を通じて、全国の法務局、市区町村、家庭裁判所等に呼びかけて再製した。再製が完了したのは約二カ月後の同年五月七日。災害の規模からすると、きわめて短期間での再製だったが、現在も一〇〇%にはいたっていない。本来は法務局の副本データをもとに町で再製しなければならなかったが、データの再製は業者が、諸手続きは仙台法務局が行ない、押し寄せる住民の対応に追われていた町としては再製申報を提出しただけだったという。

再製後に証明発行に供するためには三月一六日からの戸籍届出分の入力をする必要があり、その入力が待っていた。戸籍の異動が伴わない人の証明発行はすぐに応じることができたが、三月一六日から再整備完了の五月七日までの戸籍届出件数は四四三件にのぼった。そのうち死亡届は四一三件。南三陸町の通常年の事件数は九〇〇から一〇〇〇件である。その処理に要した二週間で約半年分の戸籍を入力したことになる。参考とする図書もなく、今まで遭遇したことのない死体検案書の内容など特殊な記載が多く、法務局の指導のもとでなんとか入力し、謄抄本を交付することができた。

その後、二〇一一年六月七日付けで出された、法務省民事局第一課長名の「東日本大震災により死亡した死体未発見者に係る死亡届の取扱いについて」という通知により、申述書の添付と親族からの死亡届が提出された場合には、市町村の判断で受理し、戸籍に死亡の記載をする取り扱いとなった。

佐藤らは二人体制で対応にあたり、死亡届の受理は二〇一一年六月で九一件、七月で一二七件、二〇一六年五月末現在で三三四件にのぼっている。

申述書の記載の際には、被災状況を詳細に記入することから、遺族にはほんとうにつらい思いをさせることになった。多くの人が涙をこぼし無念の思いを語る。また、どこにも感情をぶつけるところがなく怒りの言葉を浴びせられることもたびたびだった。

「戸籍の弾力的な運用」とはいえ、「行方不明者」を「死亡」とすることは、人の尊厳や認定の厳格さ、遺族の心情に配慮することなど、精神的疲労は言葉に表現できない非常に重い仕事だった。一方でこうした取り扱いをしなければ、危難失踪の審判等で家庭裁判所、受理照会等で法務局が大混乱をきたし、町民にとっても死亡届の相続手続きや保険金の請求手続き等で負えない負担をかけることにもなっただろうから、仕方ないと理解はしている。

「戸籍にまちがいがあってはその人の身分に大きく影響を与えてしまうことを考えると、資料(文字)で確認しないと不安になってしまいます」と佐藤は言う。

南三陸町の役場には一〇年以上の在籍者が二人いた。大混乱の中で戸籍業務を遂行できたのは、佐藤のように長く戸籍に携わっていた職員が複数いたことも一つの要因である。課長補佐(当時)が決裁業務に専念できたことも大きい。システムの入力や証明発行だけなら経験がなくとも対応できるとはいえ、戸籍業務には、実は平常時でも経験とそれによる判断が求められる場面が多々ある。災害発生時にはなおさら冷静な判断が必要だ。戸籍は地味で面倒だ。だが佐藤は、「行政のすべての基礎」となるものなのだと実感したという。後継者の育成が必要な分野である。

四市町の戸籍が流失したことを受けて、二〇一三年九月から戸籍副本データ管理システムが開始され、異動入力したデータがその日のうちにデータセンターに送信されることになった。データ消滅を免れる方策として、かなりの進歩がみえる。

南三陸町の戸籍は再製することができた。しかしこれまで培って来た志津川町、歌津町の戸籍の歴史(資料)がすべて消滅したことを思うと、公文書管理という点からも今回の震災の教訓は生かされなければならないことを痛感する。

コンピュータ化時代の大量消滅リスクと防止策

東日本大震災時の法務大臣は江田五月である。菅直人改造内閣発足後、失言によりわずか二カ月で辞任することになった柳田稔の後任として、仙谷由人官房長官が兼任をしていた職を引き継ぎ、二〇一一年一月から大臣の職にあった。これは参議院の議長経験者が退任後に大臣に就任という初めてのケースになった。

江田は、「戸籍が滅失した」と聞いたとき、当然だが「大変なことになる」と思ったという。

ただ、一方で、住民基本台帳システムのネットワークがあるので、すべてではないにしろそこから復元をさせるなど、いくつかの方策と段取りは頭の中にあった。

東日本大震災では、戸籍ばかりではなく、大量のがれきを個人の私有物で資産と考えると、移動させることすら難しいという事態も起こった。この木の柱は誰のものなのか。廃棄物か、遺失物か。しかし今、それを取り除かないと、それこそ人命に関わる。ジャッジをしなければならない。

「大臣が官僚ではなく政治家であることの意義が、こういうときこそ示される」と、江田は超法規的措置として次々に手続きを簡略化し、現場の判断に寄り添う形での「通知」「通達」を発した。

たとえば、佐藤が逡巡した「行方不明者の死亡届」についても、後から違うと異議が出たら、その時に法廷で決着をつければよい、とした。震災から六年が経つが、今までそうした訴訟は一件もないという。

「〝民法も超えなければならない事態〟が起きる。緊急事態とはそういうことですから」

佐藤が言うように、戸籍がなければ、人の営みも、行政の仕事も一気に立ち行かなくなる。その戸籍の保管が、十分なバックアップ体制の上にはなく、セキュリティの上でも問題がある状況で危機に直面した法務大臣経験者としてどう考えるのか。

「不動産登記に関する文書などは、全国二カ所で管理していた。それと同じように戸籍も管理すべきということは、私が大臣として指示しました。戸籍が必要か、というそもそもの議論はあるとしてもね」

しかし、これだけ煩雑で、ベテラン行政担当者の力をもってしてでも解決がつかないケースが出てくるほどに、戸籍は複雑な登録システムになってしまっている。そして、そこに一元的に依存する限り、サイバー攻撃、戸籍の偽装、ありとあらゆる混乱を巻き起こすことが可能なのだ。

第5章　グローバリゼーションと戸籍

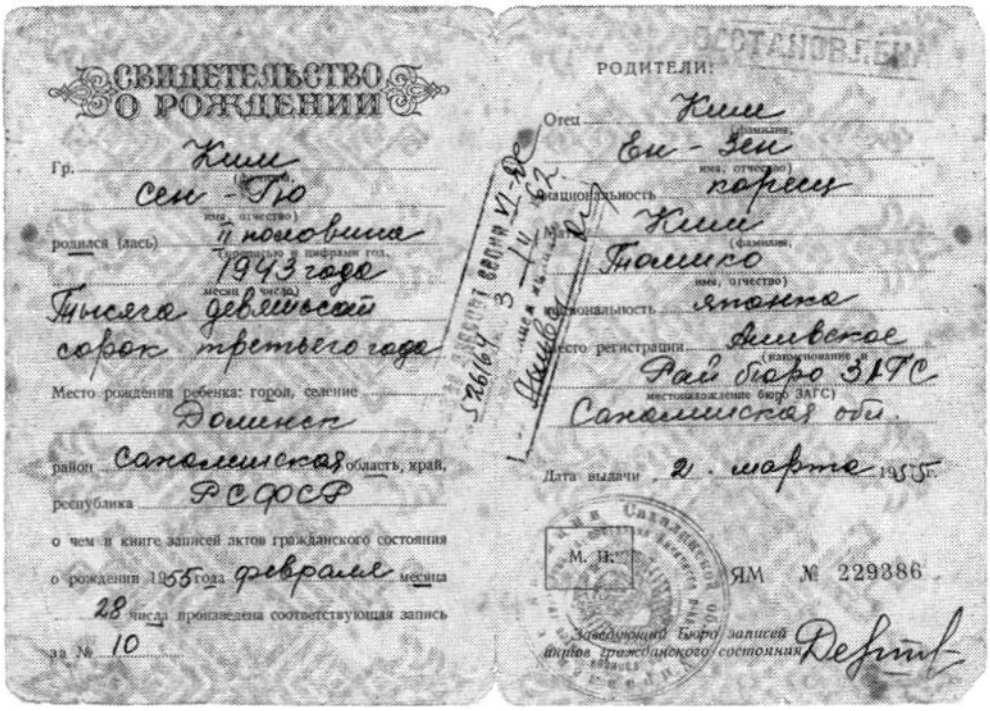

СВИДЕТЕЛЬСТВО О РОЖДЕНИИ

Гр. Ким (фамилия,
Сен-Гю
имя, отчество)
родился (лась) 11 ноября
(прописью и цифрами год,
1943 года
месяц и число)
Тысяча девятьсот
сорок третьего года
Место рождения ребенка: город, селение
Доминск
район Сахалинская область, край,
республика РСФСР
о чем в книге записей актов гражданского состояния
о рождении 1955 года февраля месяца
28 числа произведена соответствующая запись
за № 10

РОДИТЕЛИ:
Отец Ким
(фамилия,
Ен-Зен
имя, отчество)
национальность кореец
Мать Ким
(фамилия,
Томико
имя, отчество)
национальность японка
Место регистрации Анивское
(наименование и
Рай бюро ЗАГС
местонахождение бюро ЗАГС)
Сахалинская обл.
Дата выдачи 2 марта 1955 г.
М. П.
ЯМ № 229386
Заведующий Бюро записей
актов гражданского состояния

2000年にサハリンから永住帰国した菅生善一さんの出生証明書(ソ連時代). 民族籍の欄がある

1　「戸籍」と「国籍」

「二重国籍問題」から見えたもの

二〇一六年九月、民進党初の女性党首となった蓮舫が、代表選中に日本国籍以外に台湾(中華民国)籍を持つ「二重国籍」状態だったことが明らかとなり、この問題への対応の賛否も含めて関心を集めた。

日本では法令で認められた期間以降において重国籍状態を維持することは認められていない。ところが現に「重国籍の日本人」が存在する。

現状の出生届や国籍取得の届出だけでは誰が重国籍かを判断することが難しいという実務上の問題もあるが、国は、暗黙の了解として、この問題には触らず放置することで「重国籍の日本人」の存在を緩やかに認めてきた。だからこそこの問題は正面からの議論もされず、また実態と乖離した法を整備するまでには至らず、今日まで来たのである。

「国籍」の枠組みは、主権者たる国民の範囲を決める重要事項である。また、世界人権宣言第一五条で「すべて人は、国籍をもつ権利を有する」「何人も、ほしいままにその国籍を奪われ、又はその国籍を変更する権利を否認されることはない」と謳われるように、「国籍」は個人が人として持つ基本的な権利でもある。

その土台が揺らいでいるということを、蓮舫の二重国籍問題は、奇しくもあぶり出した。

重国籍になる理由　血統主義？　出生地主義？　父系主義？　父母両系主義？

今日一人の子どもが生まれた。この子は何人であろうか。また国籍はどこになるのだろうか。

答えは簡単ではない。

子どもの両親、もしくは父か母が日本人であれば、どこで生まれようが日本人である。日本は血統主義を採用しているからである。さらに、この子がアメリカで生まれたならば出生地主義をとるアメリカの国籍も得る。つまりは二重国籍となる。

また、両親のうち一人が血統主義をとる国の国籍を有し、しかも父母両系主義をとる国であれば、父と母とそれぞれの国籍を得るので「三重国籍」(場合によってはそれ以上)となる。

このように、重国籍となる理由の一つは、世界のルールが血統主義と出生地主義で分かれているからである。また血統主義も「父系」と「父母両系」とがあり、「父系」同士の国籍の親のもとに生まれた子の国籍は「父の国」と決め打ちされ「単独国籍」となる。が、後述するように世界の潮流は男女平等の観点から「父母両系」となり、現在では「父系主義」が「重国籍」を防ぐ機能を果たしているとは言えなくなっている。

単独国籍だけとするなら、いちばんシンプルなのは出生地主義で統一されることであろう。しかし、移民対策等として出生地主義をとってきたアメリカなども、自国民や永住許可を得ている外国籍の親の子どもについては、外国で生まれたとしても一定の条件のもと国籍を与えている。またフランスのように出生地主義と血統主義を両方採用し、補完し合いながら子どもの国籍を決める国もある。その結果重国籍になったとしてもかまわない。基本的には居住国優先等の「実効的国籍の原則」となっているからだ。それよりも制度の狭間で無国籍が生じ、国家が把握のできない民を国内に内在させることを避ける方が重要で、優先とされてきた。

さらに重国籍については、成人しても重国籍として生きる選択ができる国とそうでない国に分かれる。日本は後者である。

出生によるなど、二〇歳に達する以前に重国籍となった場合は、二二歳に達するまでに、二〇歳に達した後に日本への帰化などによって重国籍となった場合は、その時から二年以内に国籍の選択をしなければならない。しかし、その手続きについて実効性と平等性が担保されていないことで問題が表面化したのである。

重国籍のメリット、デメリット

さて、そもそも「国籍」とは何なのだろうか。それを複数持つことにどんなメリット、デメリットがあるのだろうか。

国籍を付与する、ということは国家が国民に対して従順を要求するのと交換に、個人の要求に対し、便宜を図り、また対外的な危機から保護するという構造を提供するということだ。同時に租税や兵役等、国民の義務履行に対しての監視の意味ももちろんある。

「国民」は自国に自由に入国・在留することができる。就業や進学、資格取得に対する許可を自国民に限る場合もある。海外への渡航等の便宜も含めて「二重三重に国籍を持つこと」は、そのメリットの幅を広げて享受できる利点がある。

また資産の分散や運用についても一定のメリットがある場合や、それが実際に有効かどうかは別として、めまぐるしく国際情勢が変化する中では、政情不安や経済的破綻など「いざ」というときにより安全な国へと軸足を移すためのリスクヘッジとして複数の国籍を維持しておきたいという声も聞く。

一方で重国籍だと、何が問題となるのだろうか。

よく言われるのは、複数の国家の監護権が衝突することで、外交保護権、参政権、兵役といった国に対する権利と義務関係が複雑化する、ということだ。

外国の軍事役務に服することで、国家に対する国民の忠実義務に抵触する事態が生じるおそれもあること。また日本国籍しか有しない多くの日本国民との間に機会不平等が生じること。

重国籍者はその属する各国で独自の氏名を登録することが可能なので、入国管理を阻害したり、重婚を防止できなくなる。重国籍者の本国法として適用される法律がどれなのかわからず、混乱を生む可能性も指摘される。

以上のほとんどは国家が負う管理上の困難であり、前述したように居住や就労等、実質的なつながりの強い国を優先する「実効的国籍の原則」によって、こうした弊害は解消されると考えられている。特に兵役の義務等が課されていない日本人は、複数の国籍の所持によって生じる困難は現状ではあまりないものと見られる。

「重国籍の日本人」が「単独国籍の日本人」に比して、より困難と対峙しなければならないのは「国籍選択をしなくてはならない」という場面だろう。多様で複数の文化的・言語的バックグラウンドを持った子どもたちがある年齢に達したとき、父と母の国、もしくは出生した地のどれかを自分の国として選ばなければならない過酷さ。それは深刻なアイデンティティの危機をもたらす場合もあることは想像に難くない。国が国籍選択を促す周知・広報活動をいくらやっても、「国籍選択をしない」というケースが減らないのは、重国籍を持つことのメリットを考えてというよりは、個人や家族間での葛藤を回避するためというのが最大の理由ではないか。

重国籍を認めない理由

こうした実態はどうあれ、日本は国籍法により重国籍を認めていない。ダブルスタンダードと言われても、その態度を変えようとはしてこなかった。

なぜか。その理由は、今現在だけを見るのでは、解けない。

時代を遡って戦中、戦後の国籍法改正の流れを見てみよう。

一八九九年、明治憲法下で初めて施行されて以来、国籍法は戦争を挟んで大きく四つの改正を行なう。

一つ目は、一九五〇年の全面改正。

二つ目は、戦後新たな国籍法が公布されて間もない一九五二年の通達だ。サンフランシスコ平和条約により、当時日本に在留していた本来朝鮮・台湾に属するべき人々約六〇万人は、自分の意思とはかかわりなく、一律に日本の国籍を喪失する。

以降、日本への帰化が増加した。効力が発生した一九五二年四月二八日から一九八八年末までの四六年間の帰化者総数は、三〇万一四九五人。その四分の三は韓国・朝鮮人となっている。

この時重国籍とならないよう国籍事務を遂行することが、戦後混乱期にあった日本にとって重要だと考えられたことは想像に難くない。しかし、その一方戦前・戦中、日本の国策に利用しうるとして、日中二重国籍＝「台湾籍民」の地位を便宜的に保障し、認めてきた歴史もある。

国籍法が次に大きな展開を見せたのは、一九八四年に女子差別撤廃条約に合わせて父系主義から父母両系主義に改められたときである。

当時は欧州でも父系主義をとっていた国が多いが、離婚や非嫡出子の増加という家族関係の変化、外国人移民の二世・三世の登場という変化を迎え、フェミニズムの興隆に伴う人権運動の観点からも父母両系主義へと次々に改まっていった。

日本でも父系主義を採用していたことにより、外国人と結婚した日本人女性の子どもは日本国籍を取得できなかった。そのため、たとえば、出生地主義を採用している米国人の父と沖縄の日本人女性の間に生まれた子どもが、どの国籍も取得できず無国籍になり、就学の機会を得られないなどの問題も発生し、当時、深刻な社会問題とされていたのだ。

それと同時に国籍選択制度も生まれた。「父母両系血統主義の採用にともない増加する重国籍解消のため、国籍選択制度を採用した」(柏樹修「国籍の積極的抵触の防止と国籍選択制度の導入」『現行戸籍制度五〇年の歩みと展望』戸籍法五〇周年記念論文集編纂委員会編、日本加除出版)と、制度創設の趣旨は明確である。これが三つ目だ。

差別の可視化も　国籍選択と戸籍記載

国籍選択制度とは、出生により外国国籍を取得した日本国民など日本国籍と外国国籍を有する重国籍者が、所定の期限までに日本国籍か外国国籍のどちらかを選択する必要があるというものだ。

しかし、前述したように実効性は担保されていない。そのひとつの理由に「選択する」「選択しない」で、戸籍記載上、大きな差異があることを指摘しておきたい。

戸籍謄本(全部事項証明書)や抄本(個人事項証明書)に、自分の情報の何が載り、何が載らないかは「戸籍法施行規則」で決まっている。

管外に本籍地を変える「転籍」や婚姻によって「新戸籍」編製をすると、過去の離婚他は新しく発行される戸籍謄本他には記載されないようになっている。

「国籍取得事項」(国籍取得・帰化)については「移記を要しない」とされているので、自分が「外国人であったこと」は転籍他をすれば、たとえ第三者が戸籍を見ても、過去の経過が載った原戸籍までとらない限り把握はできない。

が、一方で「国籍選択宣言」については「戸籍法施行規則三七条および同規則三九条一項七号」により移記事項となり(昭和五九年一一月一日民二第五五〇〇号通達第3の5〔1〕)「国籍選択宣言」をした年月日は、転籍他をしようが常に戸籍に記載される。

日本社会で生きていく中で戸籍の提出を求められる場面はそう多くあるとは思えないが、なんらかのきっかけで「外国籍を持っていた」もしくは「無国籍であった」ということが伝わり、いらぬ差別や偏見が起こる可能性はないとは言えない。出自による差別が存在することは、昨今のヘイトスピーチやインターネット上の書き込みなどの中に容易に見つけることができる。あえて国籍選択をすることで不安材料が増えるのであれば、それを回避しようとするのは理解できる。実際国籍選択をしてもしなくても、特段身の回りの状況が変わらないというのであればなおのことである。

このように、国籍選択がしにくい背景には戸籍も絡んだ差別が見え隠れしている。国籍法に内在していた差別規定がさらにあらわになったのは二〇〇八年のことだ。最高裁判所は婚外子国籍訴訟において現憲法下八例目の違憲判決を出し、国会は法改正を迫られるに至る。これが四度目の大改正だ。

違憲とされたのは「認知」に関する事項である。日本人男性が外国人女性から生まれる子どもを出産前に「胎児認知」していれば日本人として国籍を得ることができるが、子の出産後に認知をしたケースについては、父母が婚姻し、嫡出子となった場合のみ認めるのは「法の下の平等」に反しているとされたのである。

この際に最も問題となったのは「偽装認知」の防止であった。DNA検査の結果を添付することも検討された。国会を二分した議論となった結果、DNA添付案は採用されないこととなったのだが、重国籍や偽装認知等に対する過剰な防止策の背景には、意識的・無意識的を別とした差別的概念が透けて見える。

以上、国籍法に関わる戦後の三つの改革が国籍取得に特化され、また旧植民地、男女、外国人、婚外子への差別が背景にあることは象徴的でもある。

蓮舫は二重国籍問題が提起された一〇カ月後、民進党代表辞任に追い込まれた。

筆者はこの問題が取り沙汰された直後に『世界』(岩波書店)二〇一六年一一月号に「なぜ日本は重国籍を認めないのか」と題して、前述のような論考を寄稿した。その際、蓮舫個人の対応については触れなかった。なぜか。

重ねて言うが、国籍の枠組みは、主権者たる国民の範囲を決める民主主義の最重要事項の一つである。そして、日本人にとってはその権利能力形成を行ない、担保するのが戸籍なのだ。長年無戸籍者の支援活動を通して戸籍制度と対峙してきた一人としては、「国籍」「戸籍」といった構造的な欠陥を抱えている問題について、ある個人、ましてや政局がらみで恣意的に、矮小化して語られることだけは避けたかったからだ。

しかし〝蓮舫の「二重国籍問題」〟は政局が動くたびに蒸し返され、民進党の「弱点」となっていたことは事実である。二〇一七年七月、民進党は東京都議会議員選挙で敗北。これを受けた党内議論の中で「二重国籍問題に対して納得のいく説明をしてこなかったこと」が党勢低迷の理由の一つと指摘され、代表の責任が問われる事態となった。蓮舫はこれに対し戸籍謄本の一部を含めた関係資料の開示を決断したが、学者、市民団体等、今まで民進党を応援して来た人々からも「差別を助長する」との激しい反発の声が上がり、蓮舫、民進党に対してさまざまな意見が寄せられた。

もはや〝蓮舫の「二重国籍問題」〟は個別の話ではなく、「戸籍開示」も含めて事象として検証していく必要がある。

「戸籍公開」という問題

そもそも、遡ること一〇カ月の二〇一六年九月、民進党代表選挙のさなかに起こったこの問題は、当初、「出自に対する差別」という視点よりも、蓮舫の対応が二転三転したことで「真実を語っているか否か」が焦点となり、それが公党代表の資格者として十分かという文脈で受けとめられていた。

代表選挙中に独占インタビューを行なったジャーナリストの野嶋剛は、二〇一七年七月の「戸籍開示会見」を見た後に「何事にもすべて即座にはっきりと正当性を主張したくなる蓮舫氏の個性がマイナスに出たと思っています。メディアや一議員でいたときはプラスに働いたのかもしれませんが、国籍問題の敏感さや難解さを十分に理解しないで対応した初動の甘さが大きな代償となりました」(野嶋剛公式サイト二〇一七年七月二〇日記載)と語っている。「初動の甘さ」。まさに法令遵守とそれに対する説明責任が問われたもので、それ以上でもそれ以下でもない問題だったはずである。

ところが「国籍問題の敏感さや難解さを十分に理解しないで対応した」ことで、軸がぶれ、蓮舫は戸籍開示まで追い込まれる。このことが問題をさらに複雑化させた。

開示された内容は氏名、生年月日、そして国籍選択宣言の日付等、既に報告されていた内容であり、率直に言えば、今回戸籍開示をしようが、しまいが効果としては変わらないことは、蓮舫本人も含めて、立法府や法曹の世界にいれば百も承知であったと思う。

家族の理解、特に子どもたちへの配慮が必要だった部分に関しても、白塗りされており、差別を懸念するような箇所はない。

では、なぜ戸籍を公開したのか。内容云々より「戸籍を開示する」という行為自体に意味があり、「戸籍を尊ぶ保守派の人々を納得させるため」もしくは「「正統な日本人」と認められることでこの問題の幕引きを狙った」ともとられかねないことに思いが至らなかったのであれば、非常に残念である。

戸籍の実態　形骸化と無力化

蓮舫が戸籍の開示を決めたとき、香山リカ、山口二郎といった学者、オピニオンリーダー的存在に加えて、さまざまな団体が「差別」との関係に言及しながら異を唱えた。

ただ、現実には現在、戸籍謄本、抄本から得られる情報はそう多くはない。部落差別問題を始めとするさまざまな差別と闘って来た人々の不断の努力により、戸籍は年々歳々形骸化、無力化されてきたのである。

もちろん差別に関わる部分は原戸籍をくればわかるが、当事者や利害関係者、またその代理人以外が他人の原戸籍にたどり着くことはできない。

一方で、戸籍や国籍に関わる支援活動をしていると「差別を受けるリスク」を抱えながら戸籍開示をしている人々に度々出会う。

無戸籍や特別養子縁組の当事者たちは、国籍法や戸籍法の制度改善を求めて、戸籍や裁判記録を、当該役所や支援団体に提供してくれているのだ。白塗りやマスキングをしたら、肝心なところがわからない。だから、そのまま、である。具体的事例を見せないことには改善されないことを痛いほど知っているからこその行動なのである。

しかし、そこには悲壮感だけがあるかと言ったらそうではない。決死の覚悟で開示をしても、懸念したようなことはまず起きないからである。もちろん一〇〇%はないが、「戸籍」と「差別」との分断は確実に進んでいる。筆者には、戸籍はことさら怖れるものでもなくなっているという実感がある。逆に差別を強調することで、後戻りの結果をもたらすことになりかねないことの方が心配される。それは、戸籍の形骸化、無力化が進んでいることの証明でもあるのだ。

「重国籍容認国家」日本

今回の問題で奇しくも露呈したのは、日本では法律的には「国籍選択しなければならない」とされているものの、その実効性はなく、選択すべき年齢以上でも「二重国籍」「三重国籍」の人は存在するということだ。日本は事実上既に「重国籍容認国家」なのだ。

それで何か問題があるかと言ったら、今まで世間的に認知されるような特段の事象も起こらず、だからこそ、議論もされてこなかった。

重国籍だけではない。驚くべきことだが重婚もできるのだ。おそらく多くの日本人は知らないが、妻二人、夫三人など、複数の配偶者が記載された戸籍が存在する。

無戸籍も同様だ。戸籍がなく、日本国籍が確認されなくとも、住民票があれば投票することも可能である。これは戸籍、国籍がいかに軽んじられているかということの証明でもある。政治家が鈍感なことをいいことに、ホンネとタテマエをうまく使い分けながら、驚きの二重構造社会が存在しているのだ。

問題はその境目が曖昧で、判断はその時々の運不運で決まるといった、きわめて不公正な状態のなか、軋みが拡大しているということなのだ。

現実には二重構造となっていたとしても、少なくとも現行法が存在し、仮に国籍選択制度をそのまま続けるという意志があるならば、国家はガバナンスとしても法令遵守を促す対策を考えなければならないだろう。

ただ、法令遵守を訴えようにも国は現在二重国籍者の個別把握ができないという状況にある。しかし戸籍実務を見てみれば、コンピュータ化により、たとえば「離婚後三〇〇日規定」の場合、子の出生日を入力した瞬間に母親の離婚日との計算がされアラームが作動、戸籍係は確認を行なうよう促される。つまり、見落とし防止機能がついているのだ。当然出生届の入力作業では国籍留保に関しても入れている。それを選択時期が来たら、個別に知らせるようにすることなど、技術的にはそう難しいこととは思えない。

国会議員と二重国籍

蓮舫がこの問題で執拗な質問にあうのは、彼女が国益に携わる政治家であり、野党第一党の代表であったからに他ならない。

公職選挙法第一〇条（被選挙権）は次のように立候補する要件を規定している。

公職選挙法第十条　日本国民は、左の各号の区分に従い、それぞれ当該議員又は長の被選挙権を有する。
一　衆議院議員については年齢満二十五年以上の者
二　参議院議員については年齢満三十年以上の者
三　都道府県の議会の議員についてはその選挙権を有する者で年齢満二十五年以上のもの
四　都道府県知事については年齢満三十年以上の者
五　市町村の議会の議員についてはその選挙権を有する者で年齢満二十五年以上のもの
六　市町村長については年齢満二十五年以上の者
2　前項各号の年齢は、選挙の期日により算定する。

さて、ここには実はいくつもの論点がある。

地方議会議員においては「選挙権」がなければ「被選挙権」が行使できないが、首長だけはそれがないのはなぜか？　知事には自治省・総務省出身者が多く、居住要件をかけると、いざという時に立候補ができないから、とまことしやかに言われてもいるが、それも含めて選挙権の居住要件は妥当なのかは別途論じたい。

こと国会議員について言えば、まず、選挙権の行使だが、小選挙区については居住要件があるが、比例区については一切ない。だからこそ、在外投票が行なわれている。

被選挙権については居住要件もない。「日本人であること」だけだ。たとえば、山形県在住でも東京都の選挙区で選挙に出ることはできるし、外国在住でもできるのだ。単一か多かなど国籍の所持に関しての規定もないので、現行の国籍法の規定に反して二重国籍状態であろうが、立候補することはできる。

オーストラリアの国会議員が辞職したのは、憲法で国籍要件があるからである。また、消極的にせよ二重国籍を認めているアメリカでは、一定期間居住実績がなければ選挙に出ることはできない。連邦下院議員の候補者は、二五歳以上で、米国市民となって七年以上経過しており、選出される州の合法的居住者でなければならない。上院議員候補は、三〇歳以上で米国市民となって九年以上経過しており、選出される州の合法的居住者でなくてはならない、等々。

日本はそれらの要件がないので、理論上は他国の国会議員であっても、日本の国政選挙、もしくは首長選挙の候補者となることができるのである。

なぜそうしたことが起こるかと言えば、公職選挙法はそうした被選挙人が登場することをまったく想定していないからだ。

外交官にのみある国籍要件

外務公務員法七条では、「外務公務員の欠格事由」をこう規定している。

1　国家公務員法第三十八条の規定に該当する場合のほか、国籍を有しない者又は外国の国籍を有する者は、外務公務員となることができない。
2　外務公務員は、前項の規定により外務公務員となることができなくなつたときは、当然失職する。

外交官は単一国籍が求められ、外交官以上に国家機密や国益に関する情報を得る立場にある国会議員が重国籍を認められるのはおかしいというのは常識的な判断だと思うが、それを具現化するためには、公職選挙法で国会議員の被選挙権の要件に国籍を入れるか、また居住要件等を入れるなどの工夫をしていかなければ、少なくともこのアンバランスは解消しない。さもなくば、外務公務員法を改正して、この条項をなくすか、である。

国籍、戸籍と対峙していると父母両系血統主義を採用した以上、重国籍者を完全に防止することは困難であると実感する。世界が現実的には積極的か否かにかかわらず重国籍容認となっているなかで、日本が今後とも国籍唯一の原則を堅持していくことは困難であり、そもそも国籍選択を迫ることは基本的人権の尊重に反するとも思う。

だからこそ、実は曖昧で、表向きは勇ましく禁止を叫ぶが実効性がなく、公平性にも乏しい国籍法を改正し、一般的には重国籍を認めた上で、国会議員等の被選挙権については新たな要件を入れる、という形が最も現実的な解決だと考える。

外交官についてはその仕事の内容を鑑み、多重国籍禁止となっている。では総理大臣はどうなのか、自衛官はどうなのかといえば、そのような規定はない。その事実に国民が納得するか、しないか。そこに不満な層が一定数いることは、蓮舫の問題への対応を見ていてもわかる。選挙で選ばれた正統性を言うのであれば、「国政に携わる政治家は、二重国籍禁止」もしくは「選挙公報に国籍情報を必記」とするのかなど、国会で根本的な議論も行なわなければ、またこの問題は再燃するであろう。

二重国籍の場合、日本以外の国との折衝ともなり、日本単独の決着はない。国籍離脱ができない国や、父系制度を取る国があったり、一筋縄にはいかない現実がある。日本が採用した国籍選択制度は一九七七年のヨーロッパ理事会閣僚評議会における重国籍防止の決議にならったものだといわれる。しかしヨーロッパでこの決議に従って国籍選択制度を採用したのはイタリアのみで、現在ではそれも実効性をもたない。単独国籍制度の限界は既に世界の合意であろう。

また、とりわけ台湾をどう位置づけるのか。これこそ日本社会の実相を表すダブルスタンダードを象徴してはいないだろうか。これは国籍法を所轄する法務省の問題というより外交案件であり、国がしっかりとした方向性を示さなければならないはずである。

聞こえない当事者の声

この問題の一つの特徴は、一〇〇人に一人ともいわれる二重国籍の人々からの声がなかなか聞こえてこないことである。当事者は声を上げれば、自分がバッシングにあったり、もしくは二重国籍が把握されたら日本国籍が剝奪されることもありうると恐れているのかもしれない。その沈黙は、二重国籍や国籍選択の深刻さ、過酷さを物語っているのではないか。

国籍法は誰のためにあるのか。少なくとも、近い将来国籍選択を行なわなければならない年齢に達しようとしている子どもたちや、また複雑な手続きに翻弄され、結果的に国籍離脱や国籍選択の手続きをとれない人々が、堂々と、望む生き方が選択できるよう見直していくことは、立法府の最優先課題でもあるだろう。二〇〇八年の改正時に、本来は党議拘束を外しての議決をすべしとの議論もあったように、基本的人権、また国にとってもそのあり方を問う大きな問題であるという視点での議論がないことに危機感を持つ。

蓮舫の戸籍開示会見の前後には、国籍法を専門とする中央大学法科大学院教授の奥田安弘と評論家の荻上チキの対談「蓮舫氏の『二重国籍』は問題なし。説明責任は法務省にあり」をはじめ、蓮舫の立場を「問題なし」と擁護する論説も多々出た。

しかし、これまで現実に国籍法の定めに従い、「日本国籍を失う」という一文にさまざまな思いを重ねながら国籍を選択してきた二重国籍者がいることも確かな事実だ。「国籍選択しなかったこと」を現在「問題なし」とするならば、かれらは何のために「選択」したのだろうか。

だからこそ、蓮舫個人に対してこうした擁護の論説があったとしても、立法府に身を置く蓮舫は自らを「問題なし」としてはならず、会見では何に起因してこうした問題は起こるのか、また、国籍法の不備があるならばどこをどう改正・改善するべきかを徹底的に調べ、その結果を示さなければならなかった。それは蓮舫個人にとってみても、戸籍を開示して国籍選択宣言の日付を見せるより、ずっと説得力のある説明責任になったはずである。

蓮舫は辞任会見で二重国籍と辞任は「まったく別次元の問題だ」とし、戸籍開示については「戸籍法の改正等が必要だと判断すれば党の中で議論をしていきたい」と述べた。開示問題と戸籍法はそれこそ別次元だ。彼女が本来言うべき言葉は「国籍法について熟議が必要」ではないのか。就任の折には胸をはり「多様性の象徴」と微笑んだものの、そうはなりえなかった蓮舫に日本の姿が重なる。

2　各国の二重国籍問題

諸外国における登録制度と重国籍

近代以降、国民・住民の把握は国家により、個人単位あるいは家族集団単位で行なわれ、「戸籍」は家族集団単位に把握する制度の代表的なものである。

一方、アメリカ合衆国、イギリス、オーストラリアでは国家による家族登録を行なわない伝統を持っている。

アメリカにおける登録制度は「社会保障番号(Social Security Number)制度」として知られている。一九三六年、経済恐慌を背景にフランクリン・ルーズベルト大統領によるニューディール政策の一環としてスタートしたもので、年金等の社会保障制度における事務作業の効率化と徴税を主目的としていたが、現在では税金の支払いから、銀行口座の開設、アパート・マンションなど住居の契約、また大学への就学等にも必要となっているもので、「戸籍」とは根本が違う。

欧米における身分登録の始まりは、キリスト教的婚姻の成立を示す「婚姻簿」である。近代国家がこの役割を引き継ぎ、身分証書の制度として国家が管理するようになってからも、個人の「出生」「死亡」「婚姻」という事件ごとに個別的に記録された。

人的集団を「戸」という単位で把握し、その集団の変動に関し、戸主を中心に序列も含めて把握できる「戸籍」に対して「身分証書」は個人を単位として形成されてきたのだ。

近代化が進み、人口の移動が激しくなるにつれ戸籍における住民登録と身分登録の分離と同様に、フランス、ドイツにみられるように、身分証書間の連結等に関しては新たな動きが出てきている。「家族手帳」はその例であろう。

家族手帳は成婚手続きが完了すると、身分登録官を通じて、夫婦に渡される。行政官庁との接触においては、家族の証明として役立つ。

同性婚を始めとして、時には同じ国においても州によって婚姻制度が違ったりする場合もある中で、登録制度の補完としての知恵が発揮されているのだ。

一方、インドのように包括的な身分登録制度が存在しない国もある。「出生」「死亡」「婚姻」についてはイギリス植民地時代に制定された成文法に基づき制度化されてきたが、登録率の低さが問題となってきた。

出生登録をしていない者に関しては、個別に発行される「卒業証明書」、「選挙権証明書」、「配給証明書」等が公的身分証明書として用いられて来たが、二〇〇八年のムンバイでの同時多発テロ以降、国家安全保障の観点からインド国内のすべての者を対象にして生体情報を含む身分登録証の交付が必要と考えられ、全国統一的な国民情報のデータベース制度であるUID(Unique Identification Numbers)が国民番号制度として実施されることになった。

インドもそうだが、バングラデシュ、パキスタン他は植民地時代にそれぞれの国の制度を導入しているが、どの国でも全国民の登録が課題であった。

登録されない人々の多くは非識字者であること、また、だからこそ、配給、教育等とのアクセスができず生活困窮に陥っていたことを思えば、ＩＴ技術の進展にともなって可能となった生体情報を含んだ登録と証明書の発行は、プライバシーをどう守るかという問題を包含しつつも、登録制度を一気に進める可能性がある。

またインドは二〇〇四年に二重国籍を認める「二重国籍保有法」を可決し、一九五〇年以降祖国を離れ生活するインド人たちに対し「第二の祖国が許可する場合に限り」二重国籍の保有を認めるとした。国外に移住するインド人の数は、二五〇〇万人ほどいるとされている。その人々の便宜を図るとともに、インドへの投資をしやすい環境作りの一環としている。

こうして法案を作って二重国籍を認めている国は二〇カ国弱、原則的には認めないが、例外的に認めるという国は九〇カ国以上に達するといわれている。そもそも移民国家であるアメリカや、一九五〇年代の日本もそうだったが、移民を送った先の国家でブラジルのように国籍離脱を認めていない国があることを鑑みれば、テロ等の対策をした上で、重国籍を国益のひとつと考えるインドのような例は今後増えていくであろうことは、想像に難くない。

こうして見てくると、そもそも国籍に対する概念も、重国籍への対応の理由もそれぞれで、世界共通の一つに集約できる問題ではないことに気がつく。国民たりうる範囲や要件も違う。国籍を取得した人がそこから離脱できるか否かも違うのである。

「国籍」と「民族籍」

複数の民族から構成される多民族国家では「政治的国籍」と「民族籍」とを区別することがある。もちろん、歴史的な背景や交通手段の発達等を考えれば、純粋な単一民族国家というのは存在しえず、民族数の多少はあれどもすべての国家は多民族国家であるともいえるのだが、国籍に重ねて民族籍を採用する国もあり、民族籍は一定の条件を満たすと、選択や変更もできる。

たとえば、中国の少数民族（マイノリティ）は漢民族より多くの権利を享受することができるので、最近は少数民族の籍を選ぶ傾向が多くなっている。たとえば最近緩和された「ひとりっ子政策」だが、少数民族に関しては例外等の扱いもされてきたからだ。

旧ソ連では、市民は一六歳になるとソ連国籍に加えて、それぞれの民族籍が書かれたパスポートを携帯することを義務づけられた。この民族籍に関しては自己決定できると言われていたが、現実には両親の民族籍、もしくは、両親それぞれが違う民族籍ならばどちらか、と血縁重視となっている。

血縁以外で民族籍を選択する場合は婚姻など、法的身分関係の変更の場合である。つまり家庭や日常生活で話している言語が一致していなかったり、文化背景的にも、心情的にもその民族に帰属意識を持っていない場合でも民族籍を持つことがあるのだ。

サハリンで残留日本人と会った時、彼女たちが口にした、帰国を阻んだものの一つがこの民族籍である。戦後も旧樺太・サハリンに残らざるを得なかった日本女性たちの多くは、生きるために、日本人であることを隠し、朝鮮籍の男性と婚姻した。いざ、日本に帰国をしたいと申し出ても彼女たちが朝鮮籍となっていることで、帰国できなかった人もいる。

朝鮮人と婚姻した日本人妻の中では、「自分は日本人。「ソ連籍」でも「朝鮮籍」でもない」と、生活全般において不利な条件となることがわかっていても無国籍を選び通したり、朝鮮籍を持ちながらも氏名だけは日本名で通したりした人もいたのは、第４章で見てきた通りだ。

民族籍の選択は移動の自由や教育の機会とも関係し、無国籍の場合は制限され、優遇等も受けられない。こうした実利を考えてか、子の世代となるとソ連籍となる人も多かった。

日々、携帯しているパスポートに民族帰属が客観的に刻印されていることは、当然だが、人々の帰属意識に影響を及ぼし、ましてや民族対立や紛争が発生したり、資源や機会の分配をめぐる民族間の格差、人口動態などが論じられたりする局面になると、自分の状況と民族帰属意識を投影させるようになる。昨今の日本におけるエスニックマイノリティへの過激な攻撃にも見られるように、ある団体、政治家等にとっては、政治的効果がもたらされることが十分に期待され、時に利用もされる危険性もある。

ロシアでは、ソ連解体後もしばらくソ連時代のパスポートが通用していたが、その改定にあたり民族帰属の項目は削除された。これについては、賛否両論あった。民族籍で示される個人の特徴は時に少数派の構成員やその利益を保護したり、少数派の文化を支援したりするために重要であるが、同時に差別に悪用される危険性や民族対立を煽ったりする場合もあったからだ。

「国籍唯一の原則」から「重国籍容認」へ　欧州の取り組み

欧州においては第二次世界大戦後「国籍唯一の原則」が特に重要な原則とされた。戦争による混乱と貧困は移住労働者の増加と定住を促進し、国際結婚の増加という背景のもと、各国は国籍についての問題意識の共有と一定の取り決めを行なうに至る。

終戦から一八年後の一九六三年、「重国籍の減少及び重複国籍者の兵役に関する条約」が締結される。重国籍で懸念される兵役関係については、主に居住している国の兵役を優先させるとした。

しかしながら、現実には国の思惑通りにはいかない。また、当時欧州では児童保護、男女差別の解消といった点に重きを置いた運動が高まりを見せていた。その結果、一九七九年に「女性に対するあらゆる形態の差別の撤廃に関する条約」、一九八九年には「子どもの権利に関する条約」等、基本的人権の尊重という概念を組み入れた条約が次々成立する。

「重国籍減少の条約」から三四年の時を経た一九九七年五月一四日、欧州評議会の閣僚委員会は「国籍に関するヨーロッパ条約」を採択する。二〇〇〇年三月一日に発効したこの条約では、第三条で「何人が自国民であるかを自国の法令によって決定すること」、また第四条では締約各国の国籍に関する制度が基づかなければならない四つの原則として、以下をあげている。

a号：すべて人は、国籍を持つ権利を有する（国籍取得権）

b号：無国籍の発生は防止しなければならない（無国籍の防止）

c号：何人も、ほしいままにその国籍を奪われない（国籍の恣意的剥奪の禁止）

d号：締約国の国民と他国民の間の婚姻及び婚姻の解消並びに婚姻中の一方配偶者による国籍変更は、いずれも他方配偶者の国籍について当然には効力を及ぼさない（夫婦間の平等）

これらを見れば、この条約がすべての人の国籍取得権を定めた世界人権宣言一五条と、子どもの国籍取得権を定めた子どもの権利条約七条から影響を受けていることは自明であろう。

また第一四条では出生により相異なる国籍を取得した子どもがこれらの国籍を保持すること、婚姻により外国籍を取得した場合にこの外国籍を保持することを締約国が許容しなければならないと定めており、締約国が重国籍容認へと政策を転換している。

兵役義務については二一条で「複数の締約国の国籍を有する者はそのうちの一つの国につい

てのみ兵役義務を履行すればよい」と定めている。

国際間の人の移動は、二一世紀に入りさらに重層化している。日本も例外ではない。多国籍企業や外国企業の日本支社などで働く外国人の姿は珍しくもないし、出生地主義を採用する国において生活する日本人も多数存在する。

国籍法改正の概要

こうした背景をもとに、日本の国籍法は戦後三度の大改正を行なったことは既に述べたが、ここでもう一度、日本における国籍法の主な改正の概要をおさらいしよう。

(1)日本国憲法施行に伴う全面改正(昭和二五年改正)

(2)父母両系血統主義の採用(昭和五九年改正)

(3)最高裁判所判決と生後認知(平成二〇年改正)

直近の二〇〇八(平成二〇)年改正では、改正時には父子関係の偽装認知を防止するために、特にDNA鑑定導入の当否が問題となった。偽装認知の場合の罰則規定等の必要性についてなど、国会では激しく議論され、次のような事項について附帯決議が行なわれた。

その内容は以下のとおりだ。

(1)改正法の趣旨についての周知徹底

(2)国籍取得の届出に疑義がある場合、認知した父親に対する聞き取り調査の実施や認知した父親と認知された子どもが一緒に写った写真提出をできる限り求めること、出入国記録調査の的確な実施

(3)改正後の国籍法施行状況の半年ごとの委員会報告と施行状況を踏まえた父子関係の科学的確認方法導入の要否及び当否の検討

(4)入管、警察等の関係当局の緊密な連携、情報収集体制構築

(5)重国籍に関する諸外国の動向の注視、我が国における在り方の検討

当時の懸念を表すに十分な附帯決議である。しかしながら「重国籍に関する諸外国の動向の注視、我が国における在り方の検討」をはじめ、五項目とも二〇〇八年の改正時以降、大きな動きはない。

これこそ蓮舫の「二重国籍問題」を通じて本来なされるべき根本的議論だった。なぜならば、日本に居住する重国籍者の数は、一九八四(昭和五九)年の国籍法改正直後の一九八五(昭和六〇)年には年間約一万人だったが、次第に増加し、二〇〇二(平成一四)年には約三万三〇〇〇人を超えている。また、昭和六〇年から平成一四年までの数を単純に合計すると約四〇万人いると言われており、国籍法の平成二〇年改正の際には、五三万人あるいは五八万人と思われる。

国際結婚の両親のもとに生まれる子どもたちは、二〇一六(平成二八)年の人口動態調査によ

れば、二〇一六年の一年間に日本国内で生まれた赤ちゃんは約九七・七万人。そのうちの二％にあたる一万九一一八人が両親のどちらか一方が外国人、つまり五〇人に一人の割合で親が外国人となる。一六年前の一九九〇年にはその割合が一・一％であったことをみれば明らかに増加傾向にある。それに伴い、国籍や戸籍を巡ってさまざまなトラブルに見舞われることも当然ながら多くなっているのだ。

これだけの人が自らのアイデンティティと対峙し、選択をするのか、それとも二重に、三重になることを是とするのか。深い議論が必要なのだ。

求められる政治的技術

「だいたい抽象的な人類の一員なんて、この世にひとりも存在しないのよ。誰もが、地球上の具体的な場所で、具体的な時間に、何らかの民族に属する親たちから生まれ、具体的な文化や気候条件のもとで、何らかの言語を母語として育つ。どの人にも、まるで大海の一滴の水のように、母なる文化と言語が息づいている。母国の歴史が背後霊のように絡みついている。それから完全に自由になることは不可能よ。そんな人、紙っぺらみたいにペラペラで面白くもない」

「…………」

「好むと好まないとにかかわらず。どんなに拒もうと、抵抗しようと……」

（米原万里『嘘つきアーニャの真っ赤な真実』角川文庫）

「国籍」とはなんだろうか。それが何たるかを米原万里の言葉は端的に語る。複雑化する世界の中で、今生きる人々の人権を守ることは、人為的に引かれ、時に移動したり消えたりする国境線によってのみではできないことは自明である。

戦争・紛争も含め従来では想定できない国家間の人々の移動は、多様な文化的価値観を示しながら、国籍に対する認識が今までどおりでよいのかを問う。

こうした中で、現にダブルスタンダードとなっている重国籍への対応も含めて、私たちは国籍をどう考えていくべきなのだろうか。

単に国家の制度に留まらない、個人のアイデンティティの問題としても慎重な議論が必要だろう。歴史的な対立、葛藤や差別感情があることを認識しつつも、それを超える理性を持ちながら、当事者だけでなく主権者である国民全体で考えるべき課題でもある。

広い視野に立ちながらまとめていく、成熟した政治的技術が求められる。

グローバリゼーションと重婚

さて、国際化で日本の戸籍、国籍が問われるのは二重国籍ばかりではない。

実は日本では重婚することすら、可能なのであると先に述べた。気分や「なんちゃって」の類ではない。一人の夫、妻に二人の妻や三人の夫というのが、正式に戸籍に記載されていると聞いたら驚かない人はいないと思う。

二〇一七年に刊行された橘玲の小説『ダブルマリッジ』(文藝春秋)で指摘されているように、戸籍には婚姻欄に二人以上の配偶者が記載される例は少なからず存在していて、現実に「重婚状態」(ダブルマリッジ)が可能になっているのだ。

よもや国会議員で、この実例となる人が出てくるとは誰も思ってもいなかっただろうが、奇しくも中川俊直元経済産業大臣政務官はその実例を提示することとなった。

彼のように既婚者が海外で婚姻し、結婚証明書を得る事例が発生した場合、果たしてこの行為自体は日本では法律に合致するのか、もしくは違反に当たるのであろうか。

二〇一七年四月第一九三回国会に「わが国における重婚に関する質問主意書」が出された。「配偶者のある者が国外で別の者と結婚式を行い、結婚証明書を得ることは可能である。これはわが国の法令に反する行為であるか」という問いに対して、「外国において婚姻をする場合、婚姻の方式は、婚姻挙行地の法によることとされていることから、配偶者のある者が重ねて婚姻する事態が生じ得るところ、そのような婚姻は、我が国においては、「配偶者のある者は、重ねて婚姻をすることができない」と定める民法(明治二十九年法律第八十九号)第七百三十二条の規定に反するものである」との閣議決定が示された。

つまりは、配偶者のある者が「外国法で婚姻行為」をしたとしたら、それは日本の法律違反に当たるとの見解だ。

違反した者については、刑法第一八四条「配偶者のある者が重ねて婚姻をしたときは、二年以下の懲役に処する。その相手方となって婚姻をした者も、同様とする」との罰則が設けられている。

日本国憲法第二四条では、「婚姻は、両性の合意のみに基いて成立し、夫婦が同等の権利を有することを基本として、相互の協力により、維持されなければならない」とした上で、「配偶者の選択、財産権、相続、住居の選定、離婚並びに婚姻及び家族に関するその他の事項に関しては、法律は、個人の尊厳と両性の本質的平等に立脚して、制定されなければならない」と規定、一夫一妻制を要請している。それに基づいて作られているのが民法第七三二条「配偶者のある者は、重ねて婚姻をすることができない」とされていることを、政府の一員であるものが知らなかったというのであれば、これ以上お粗末な話はない。

しかし、日本における一夫一妻制の婚姻制度を支える戸籍法・戸籍実務には大きなバグがあり、実質上重婚が可能となっている。

なぜそれができるかというと、「外国法に則り婚姻」という抜け道があるからである。

外国法に則り正式な婚姻をした場合、たとえ既に日本法で婚姻し配偶者がいたとしても、婚姻届は「報告的届出」であるために、日本の役所はそれを拒むことができない。それが二人目の妻になろうとも、三人目の夫になろうとも、とりあえず「戸籍に記載」という流れになる。『ダブルマリッジ』では婚姻相手が外国籍なので、婚姻の欄に日本人妻と並んで外国籍の妻の名前と国籍が注記として記載されていることに、当事者や家族が驚く場面が出てくるが、中川元政務官のように日本人同士の場合は、筆頭者に続いて、妻二人の欄が設けられる。

刑法には重婚罪が設けられているものの、民法では「配偶者のある者は、重ねて婚姻できない」として当事者がその取り消しを請求できると定めているだけである。つまり、法律上、行政が重婚を解消できる手続きは定められていないので、当事者が請求するまでは何ら手出しができないのだ。

バグが制度、社会を蝕む

さて、元政務官は挙式し、結婚証明書にサインまでしているが、日本の役所に届出は行なっていない。今からでも婚姻届を提出し、元愛人とされる女性が妻として戸籍に記載されることは可能なのだろうか。

結論から言うと「可能」だ。

戸籍法四一条には「外国に在る日本人が、その国の方式に従って、届出事件に関する証書を作らせたときは、三箇月以内にその国に駐在する日本の大使、公使又は領事にその証書の謄本を提出しなければならない」とある。つまり届出をするのは義務なのである。

教会での挙式には基本的にハワイ州保健局(Department of Health)が出す結婚許可証が必要で、その手続きに則って挙式まで行なった場合はこの時発行された結婚証明書を持って、三カ月以内に婚姻届を大使館他に提出しなければならない。

もし出していないとするならば、挙式者はその義務を怠っていたということにもなる。そして、結婚証明書が正規であれば、当然ながら今からでもそれを添えた婚姻届提出は可能で、結婚証明書の日付に遡り正式な夫婦となることも可能である。

重ねていうが、既に戸籍上も婚姻継続中の妻がいたとしても、だ。

この逆のパターンとして、以前、歌手の浜崎あゆみが外国籍の人と婚姻・離婚となったときに、外国では届出を出しているが、日本ではしていないので、婚姻または離婚したとしても戸籍上はずっと未婚のまま、何の異動もない、ということが話題になったが、日本法では未婚だから、別な人と日本法に則り婚姻すること、つまりは重婚することは十分に可能なのだ。

こうして制度の狭間をある意味〝活用した〟のが重婚だが、行政が把握していても通常は放置のままだ。

刑法第一八四条で「配偶者のある者が重ねて婚姻をしたときは、二年以下の懲役に処する。その相手方となって婚姻をした者も、同様とする」との罰則があっても、実際には適用されないままとなっているケースがほとんどであろう。

グローバル化の進行する中で戸籍制度の根幹を揺るがす大きな問題だと指摘をしつつも、国の方は危機感があるようには見えない。なぜならばそうした問題が表沙汰になることはほとんどないからである。

こうして、専門家はある程度把握していながらも、対応されていないバグが制度を蝕み、身分安定すら不確実化して、結果的に国民を不安定な状況にしているのである。

第6章　「戸籍」がなくなる日

婚約が内定し，記者会見する秋篠宮家の長女眞子さまと小室圭さん．東京・元赤坂の赤坂東邸(2017年9月4日，共同)

戸籍は、明治維新を機に、それまでとは違った役割を担うことになった。そして「夫婦同氏」「忠君愛国」等、「日本の伝統」と呼ばれるものには、この時代から始まったものも多い。家制度に関連した「戸籍意識」「戸籍ファンタジー」と言えるような意識はどのように芽生え、戦中・戦後も含めて生き残って来たのだろうか。しかしその意識を形作ってきた仕組み自体が、国際化や医学の進歩、また、家族をめぐる価値観の変容の中で崩れ始め、綻びるとともに、逆に回帰傾向も目立つようになってきた。

天皇制も含めた「明治的支配」との関係を辿りながら、戸籍制度の近代化への試みと、その挫折、またこれからの戸籍制度に関して考察したい。

戸籍がなくなる日は来るのだろうか。

1　「明治的支配」と「無戸籍」

「国民の外」

「戸数人員を詳にしてみだりならざらしむるは政務の最も先んじ重ずる所なり。夫れ全国人民の保護は太政の本務なること素より云ふを待たず。然るに其保護すべき人民を詳にせず、何を以て其保護すべきことを施すを得んや。是れ政府戸籍を詳にせざるべからざる儀なり。又人民の各安康を得て其生を遂る所以のものは政府保護の庇蔭によらざるはなし。去れば其籍を逃れ其数に漏るるものは其保護を受けざる理にて自ら国民の外たるに近し。此れ人民戸籍を納めざるを得ざるの儀なり」

一八七一(明治四)年四月四日、民部省によって起草、公布された全国統一の戸籍法についての太政官布告第一七〇号前文、この文言により壬申戸籍が誕生した。

注目すべきは、この前文には戸籍を編製することの政治的意味と同時に、戸籍への登載が漏れた者、つまりは無戸籍者に関しての言及があることである。

「国民の外」。無戸籍ともなれば「政府保護にはよらず」であると、そのデメリットをことさら強調する内容である。

江戸時代には宗門人別改帳があったとはいえ、改帳の作成は町村毎に名主や庄屋、町年寄が行なうこととされていた。自らが届出人となる登録制度は日本国民になじんでいなかったともいえる。年金制度はもちろん医療保険制度も介護制度もない。社会保障制度台帳的な意味合いはなく、租税関連で数年に一度公から調べることはあったが徹底されていたとも思えず、ましてや国民の側から婚姻、出産、死亡を積極的に届け出る必然性もなかったであろうことは容易に想像がつく。たとえば婚姻成立の日付についても役所に届出を出した日なのか、それとも祝言をあげた日なのかで論争もあった。実際、法学者の間からは法改正をして「祝言をあげた日」を婚姻日にするべき、との声も上がっていた。

「全国人民の保護は太政の本務なること」を強調しながら、あらためて無戸籍者に対しては「国民の外」という取り扱いをすることを示した意図には、官に届出をするという制度も習慣もなく、実態中心で生きてきた当時の日本人に対して、マインドセットを変える必要があり、制度定着を促す効果的方法だったのだろう。

と同時に、遠藤正敬が『戸籍と国籍の近現代史』(明石書店、二〇一三年)で指摘するように戸籍は個人に対する登録の強制という権力関係を前提にするものだが、個人の自発的な服従を喚起する方が支配の安定につながることから、権力は強制力を用いて服従を強いることは控え、戸籍への登録がいかなる恩恵をもたらすものであるのか、その見返りを提示する必要があった。戸籍を通じた人員把握は、社会的安定、安心をもたらし、それは自らの生活にも安定を作る機能なのだと示したのである。

戸籍は国民に対する警察的装置から、市民権の保障をもたらすさまざまな社会関係における基礎資料としての機能まで備えるものとなる。

それに加えて、明治政府は戸籍に別の働きを組み入れる。

日本が近代国家として進んで行く上で、戸籍は国民に対して精神性や道徳性の規範を植え付けるものであると価値付けしていくのである。加えて帝国主義を広げていく手段としても使われ、戸籍は植民地政策において同化を求める術、もしくは排除、差別を具現化し見せつける道具としての性格を併せ持つようになった。

戸籍制度の展開過程は、幕藩体制における身分規制からの解放ではあったが、家族関係の把握行為を通じて、そのあり方を法的に規制する過程でもあった。「〝政府にとって〟のぞましい社会」を作る基礎としての家族関係が、人為的に作り上げられたのである。

前述遠藤が同書でさらに述べるように近代国家として歩みを始めようとしていた日本は国民に対して、社会資本の整備や生活手段の充足といった物質的分野のみならず、倫理・教育・宗教・風俗といった精神的分野への介入を当然とし、実践する。その中で戸籍法は、「国民」や「家族」をめぐるある種の道徳というべきものを生み出してきた。その積年の効果として、「日本人」であるならば必ず戸籍をもっているとか、どこの「籍」にも入っていないのは普通ではないといった、戸籍をめぐる集合意識ができあがっているのである。

戸籍があることは自らの存在価値を保障するものであり、脈々と続く祖先とのつながりをたどる貴重な資料でもあり、自らの存在の「正統性」を示すもの——。人々が「戸籍」に抱く、信仰にすら近い過度とも言える信頼性は、それがもたらす安心感と無縁ではない。

自らを振り返っても、自分の子が無戸籍となるまで戸籍に対しての疑いを持つこともなく、むしろ守られている気すらしていた。だが、まさにそれは法学者山主政幸が「戸籍意識」と呼んだものなのであろう。

「明治的価値観」の植え付け　松田道雄の視点

戸籍という制度が「明治的価値観」の植え付けであったことを、『育児の百科』（岩波書店、一九六七年）の著者松田道雄も指摘している。

育児書を書く医師が戸籍の役割やあり方を考察する――、そこに「人として」の基本的人権等、民主主義の原点を見ながら育児を考えていることからは、戦前、戦後を生き抜いて来た者たちにとって、「子育て」という行為がどれほど国家的哲学を享有しているか、それが親にとっても子にとっても、また社会にとってもいかに重要であると捉えていたかがわかる。

松田道雄は育児や教育に関わる多くの著作を残したが、一方でロシア革命や明治維新に関する著作も多く、特に明治維新に関しては優れた論説を残している。

また、明治政府については井上毅がその中心だった旨をていねいに示しており、「教育勅語」という型を作り、それに人々をはめ、道徳の自主性を阻むことこそが、富国強兵の基礎作りであり、明治政府にとって最も大事なことだったと指摘している。

道徳の強要は、国が自国民を排除するという無戸籍に対する考え方ともつながってくる。「国民の外」という概念は、戸籍に単なる登録制度としてではない、別の意味を持たせてきたことを端的に表しているのである。

戸籍は厳格性と正確性を以て、一人こぼさずその存在を把握してこそ、国民を治め、国家の維持装置としての役割を果たせるはずである。しかし、むしろ逆に「はじかれる存在」を作ることによって、いっそう戸籍意識を滲透させる効用を持っている事実を、皮肉にも、はじかれた側である無戸籍当事者やその家族の抱く戸籍へのこだわりに見ることができる。

そして、その先にあるのはナショナリズムであることを松田は指摘する。

遠藤正敬は、それを「社会が不況や停滞に陥ると、特定のエスニックグループを名指しして「国民」の共通の敵に仕立て、その権利の享有を否定し、存在までも排斥することで心理的な一体性と優位性を得ようとするショービニズムがともすれば噴出しがちである。日本社会でも近年では「朝鮮人」「韓国人」を矛先とした排外的な示威行動が都市部で展開される光景が目につく」と、言い換える。

「「国籍」のみならず、「血統」および「民族」なる概念も戸籍という国家権力のつかさどる装置を通じて融通無碍に変容してきた歴史をみれば、「日本人」なるものが決して「日本民族」を意味しないことは明白である。権力の操作する「民族」や「血統」や「国籍」といった符号に惑わされて頑迷なナショナリズムの殻に閉じこもることがいかに不合理であり、真の「国益」を見失うものであるかを、戸籍の歴史は教えてくれるのである」と。

また、山主は明治戸籍法の形成初期における、その重要な一機能として脱籍取締をあげた上で、明治四年の壬申戸籍も、それ以前の個別的法令としての布告・達・沙汰も戸籍についての規制を行なっていることを指摘し、それらのほとんど全部、あるいは少なくとも大多数は「脱籍浮浪者取締」に関するものであり、その字義からいえば戸籍離脱者の復帰規制であるにすぎないとしている。

無戸籍者の存在は、女性蔑視や差別を通して映し出される社会の影だった。その裏には「恐怖」があった。タブーを犯すものが持つためには、「同化」を強制するという方法は使えない。「ひたすら服従」させること。

このことがわかっていたからこそ、明治政府は甘い蜜をちらつかせながら急いで戸籍法を整備し、言論を統制し、表向きは自由民権を受け入れながら「集会及政社法」で女性を政治的に排斥する。政府に反することを主張しかねない対象は、その力を徹底的に削ぐのである。

2　日本の「非戸籍者」

「戸籍」を語る場合に避けて通れないのは天皇制である。

そもそも戸籍が天皇の臣民を綴る名簿であることは第3章で既に述べた。そしてその形式は基本的に今も変わっていない。

二〇一五年に刊行された六五二頁にもわたる原武史の力作『皇后考』(講談社、二〇一五年)の出だしは大正が終わる二カ月前の一九二六(大正一五)年一〇月二一日に出された詔、つまり神武から大正までの皇統が確定したところから始まる。その同じ日に長らく現存していなかった皇室の戸籍に当たる「皇統譜」が「皇統譜令」によって法制化され、日本の国体における最も重要な系譜として息を吹き返す。

つまり、明治以降、臣民の戸籍の整備は続けられていたが、「大日本帝国憲法第一条で「大日本帝国ハ万世一系ノ天皇之ヲ統治ス」と規定しておきながら、「万世一系」の具体的中身は大正末期まで確定していなかった」(『皇后考』)ということでもある。

「皇統譜」とは、天皇および皇族の身分に関する事項を記載する帳簿であり、皇室の身分関係(家族関係)を公証し、皇位継承の順位を定める基礎となる。天皇及び皇后の身分関係について記載する「大統譜」とそれ以外の皇族について記載する「皇族譜」の二つから成り立っている。皇統譜には戸籍と同様、正本と副本とがあり、副本が法務省に保管されることが「皇統譜令」第二条で定められている。正本については、宮内庁組織令第八条に書陵部においては「皇統譜の調整、登録及び保管」の事務をつかさどる、と記載されている。

「非戸籍の日本人」

第二次世界大戦の後、日本国憲法の施行にあたり、皇室典範は法律となり(昭和二二年法律第三号)それに伴い政令として皇統譜令(昭和二二年五月三日政令第一号)が、新たに制定された。

現行の皇室典範および皇統譜令には「皇統譜」との文言しかないものの、大統譜に歴代の天皇が、首部に天照皇大神に至る神代の系譜もそれぞれ記載されていて、所出天皇(直接の先祖にあたる天皇)ごとに簿冊を区分して編纂される。皇統譜の全文は、行政機関の保有する情報の公開に関する法律に基づき、宮内庁に請求すれば誰でも閲覧できる。一般の国民の戸籍ではこうはいかない。天皇および皇族は、戸籍法の適用を受けないからこそ、である。

戸籍法の適用を受けないことは、参政権にも絡んでくる。

公職選挙法附則第二項および地方自治法附則抄第二〇条に「戸籍法の適用を受けない者の選挙権及び被選挙権は、当分の間、停止する」と定められているため、天皇および皇族の選挙権及び被選挙権は「当分の間、停止されている」と解されている。一九九二(平成四)年四月七日、宮尾盤・宮内庁次長は、参議院内閣委員会においてこのことを質されて、「天皇および皇族の選挙権・被選挙権は、象徴的な立場にある天皇とその一家として「政治的な立場も中立でなければならない」という要請や、天皇は「国政に関する権能を有しない」(憲法四条一項)という規定の趣旨などを根拠として「有していない」とされているのであり、公職選挙法の規定が根拠になるわけではない」とする旨を答弁した。

一九四七年に制定された参議院議員選挙法は附則第一条で「皇族は、当分、この法律の規定にかかわらず、選挙権を有する」と規定されており、戸籍法の適用を受けない皇族に参院選の選挙権が存在したが、一九五〇年の公職選挙法制定で同様の文言はなくなった。

国民主権、基本的人権、男女平等。戦後日本の確たる変化を感じながらも、「非戸籍の日本人」である天皇と皇族は「国民の象徴」として自らはまったく違う価値観を継承していかなければならないという矛盾を抱えることになる。

皇族と戸籍

戦後に制定された皇統譜令においても、それまでの皇統譜を継承するものとされた。皇族の身分を離脱した者は皇統譜から除籍、新たに戸籍を編纂する。非皇族＝「臣民」の戸籍に入ることを「降下する」という。離婚や離縁があっても元皇族は復籍することはない。

終戦後の日本の民主化は、皇室にも変化を迫った。一九四六年元旦には「人間宣言」が行なわれ、翌年の新憲法により天皇は「現人神」から「国民統合の象徴」となった。皇室の範囲も縮小され、一一宮家、五一名が皇統譜から外れた。「皇族の身分を離れた者及び皇族となった者の戸籍に関する法律」(昭和二二年法律第一一一号)が制定され、死別、離縁等の事情があるときには女子のみ皇族の身分を離れることができると規定された。

「日本人」の公式な証明となる「戸籍」に決して記載されることのない天皇および皇族を、日本国籍を持つ「国民」とみなすべきなのか否かについては今なお確立した定説がない。皇族自身が無国籍者であるとの意識さえ醸成している戸籍秩序をどう捉えたらいいのだろうか。天皇・皇族が身分を離れると戸籍に入る。「臣籍降下」はまさに、「皇統譜」「戸籍」「外国人登録」と登録には序列があることを示している。

古代において天皇のもとに組織されたたくさんの「家名」「氏」。それは「血筋」「氏素姓」といったある種の幻想によって、同じ日本人の中でもまた序列を生む制度となった。そのような天皇と戸籍の関係は明治維新後、日本が近代国家へ歩み出してからも変わらなかった。むしろ「神武創業」の建国神話にその正統性をおいて出立した明治国家では「日本人」としての国民意識を覚醒させる求心力を天皇に託すべく、「現人神」としてその神格化が強化されたのである。

明治の革命はナショナル・インディペンデンスこそが最高の目的であった。まず攘夷という形で、列強の侵略にたいする抵抗があり、国民的統一のシンボルとしての尊王があった。国民的統一のシンボルとして尊王を選んだことには必然性がある。

武士たちを培った学問は倫理学であり、藩主への反逆、幕府への反逆は許されることではなかったが、より高次の君が存在するとすれば、脱籍というけじめを示すことでかれらは正当化され、倫理的にも非難されず革命家でありえたのである。

攘夷は列強の侵略の危険を強調しながら、反幕闘争をするのに有効であったが、維新が成功してしまうと、攘夷はもはや国民統合のスローガンとはならない。遅れてスタートした国が進んだ国に追いつくためには、国民の全エネルギーを集中するためのスローガンが必要である。富国強兵を支える挙国一致を生み出すもの、それが「忠君愛国」であった。

これをしかけたのは井上毅だ。井上毅は、憲法と教育勅語の草案に関わり、晩年に一年半文部大臣を務めた人物だが、前掲松田道雄は『井上毅伝　史料篇　第六』を通読して「井上毅は明治の日本がもった最高の頭脳である」とまで言っている。

明治政府は「忠君愛国」を儀式、習俗として村に定着させるために教育勅語を作って農村の奥までそれを滲透させた。農民は教育勅語の語義は解しないかもしれないが、天皇を家父長制の頂点と仰ぎ、その御真影、最敬礼、君が代、国旗、祭、宴会が村の中での習俗になれば「忠君愛国」は徹底される。

横井小楠との対談「沼山対話」では、尊王についてはそこまでこだわりがなかった井上が、天皇を神として崇拝すること、またそれを信仰に近づけるためにも、「建国以来の伝統」であることを言い切ることで、挙国一致を実現していくのである。

習俗とし徹底されていくことで伝統を作り出せることを井上は知っていたのである。

一月一日、紀元節、天長節に小学生が頭をたれて勅語奉読を聞き、「君が代」を歌う儀式は井上毅が文部大臣のときに決められたことだ。

そして、その徹底の道具として使われたのが戸籍なのだ。

当然ながら天皇は「下々」を登録する戸籍と別次元の存在であることが法制上に明示された。戦前の日本では、たしかに「万世一系の天皇」イデオロギーは有効に働き、理不尽な公権力行使を正当化しえた。けれどもそれは、政治支配層が、そのイデオロギーの神話的な部分に人々が疑いの目を持たないようにするためにさまざまな手段を講じたことの結果である。

憲法学の奥平康弘の指摘によれば、「万世一系」の神話的な部分は、戦前日本まで有効であったことはもちろん、実は敗戦後の政治支配層は、「〃憧れの中心〃としての天皇」論として知られるにいたる教説も含め、ひたすら「万世一系」を喚起することで天皇制護持をはかろうとした。ある意味で「敗戦後」においてこそ高い頻度で「万世一系」は語られたのである。

「〈天皇には〃私〃は無い〉とする理屈(これが、「萬世一系」イデオロギーの中核を占める〃現人神〃論に由来するものであることは、言うまでもない)に、依拠する」とも奥平は指摘している。

「脱出の権利」

天皇・皇族における「不自由」は、かつて三笠宮崇仁が特色付けた「奴隷的な拘束」という言い方に集約されているように、良心の自由・信教の自由・表現の自由・子育ての自由・選挙等政治活動の自由・その他の自由及び権利の包括的な略奪を意味する。

生前退位の問題でも露になった構造的欠陥にもかかわらず、憲法学者も含め圧倒的多数の国民は、「犠牲者はたった一人なのだから、我慢してもらえばいい」とこの問題には鈍感である。

「権利保障体系にもとづいて、窮極の「人権」が語られるべきだと思う。ある制度(生活環境、身分など)のために、本来ふつうの人間すべてに保障されているはずの権利・自由が構造的に奪われているばあいには、なんぴともその制度の枠組みから逃れ、ふつうの人になる「脱出の権利」(right to exit)があるべきである。「脱出の権利」によって達成されるのは「ふつうの人間」になることであり、「ふつうの人間」になることによって権利保障体系をみんなとおなじように享受することができる。その意味で「脱出の権利」は人道無視の重大な侵害を受けている者に認められるべき切り札であり、窮極の「人権」である」と、奥平はその重要性を強調している。

ただ、天皇・皇族が違って考えられるのは、特別範疇の人たちが特権的地位や居心地の良さを放棄し、その階層から脱出さえすればこの人たちも「ふつうの人間」になり、そうすることによって〝人権〟が回復されるはずだという理屈の裏打ちがあるからである。

「ふつうの人間」

無戸籍者支援の活動をする中で、「普通でいい」「普通になりたい」という言葉を何回も聞くこととなる。「脱出の権利」は何かの枠に捕われているからこそあり得るわけだが、無戸籍も非戸籍も共通するのはその枠が自己決定とは離れて遠いところにあり、「脱出する選択」が自らには与えられていないという不条理なのである。

「皇太子として育てられていない」

東京オリンピック、大阪万博でコンパニオンを務めた町永妙子は、その際応対した皇族たちの姿を、印象深い文章に残している。

一九七〇年八月三日、四日、五日と浩宮徳仁親王と礼宮文仁親王が東宮侍従長浜尾実、その他随行員数名と大阪万博会場に見学に訪れた。町永は四歳の礼宮の同伴となり、六学年差で一〇歳になる浩宮と、あらかじめ注意を受けていた「手をつないではいけない」等を守って礼宮の一m斜め後をついて行く。

「オーストラリア館はVIPの入り口から会場への入り口まで数十メートルの廊下がある。薄暗い廊下を歩いていると前方に大小のコアラの縫いぐるみを手にしたホステスの姿があった。目敏く見つけた礼宮は走り出した。侍従長と話しに夢中になっていた浩宮が気づいたときには、礼宮は一番大きなコアラを両手に抱えていた。

「お前が先に取るな!」

と、浩宮は目を吊り上げて一喝。もみ合った後、礼宮が抱きしめていたコアラを取り上げた」(町永妙子『クロトンポイントの夏』)

それから四七年後の二〇一七年四月二一日、天皇退位を巡る政府の有識者会議は首相に最終報告書を提出した。報告は秋篠宮を現在の皇太子並みの待遇とし、「皇嗣殿下」などの称号を提案した。

ただ、政府関係者によると、有識者会議では当初、秋篠宮の称号を「皇太子」とする案が有力だった。同年三月のヒアリングでは専門家から「皇室典範を改正しなくても、秋篠宮さまを皇太子とすることが可能だ」との発言があった、という。四月四日の会議でも委員からは「歴史上は次期皇位継承者は兄弟でも皇太子と称されることが大半だった」との意見が出た。

しかし、報告をとりまとめる前に官邸幹部から有識者会議の関係者に対し、秋篠宮の称号を「皇嗣殿下」などとする案が示された。「政府関係者によると、秋篠宮さまは周囲に、自身が皇太子として育てられていないことを理由に、皇太子の称号に難色を示したという」(毎日新聞二〇一七年五月二三日)。

天皇・皇族は日本国の象徴的存在である。ただ、憲法で示されている男女平等や兄弟の平等相続等はここにはない。あくまで男系男子が職責を継ぎ、長子相続で、生まれた順番で待遇には明らかな差があるのだ。秋篠宮が「皇太子として育てられていない」と言ったとするならば、それは「お前が先に取るな！」と幼児期から言われ続けて育った者の、表明しうる限りの「意地」ではないかとも思う。

六歳年長の浩宮がこだわったのは、コアラの大きさではない。「先」か否かなのである。自分が「先」であることを宿命づけられた、いやどんな時にも「後」となることは許されないという孤独の大きさとはどれほどのものなのか。それは、常に「後」でしかない存在とは永遠に折り合わない種のものであることは想像に難くない。

まさに「脱出の権利」を持たぬまま生きることの不条理、つまり人権とは何かを十分に咀嚼できずにいたとしても、「象徴」として生きることこそが、「非戸籍」という機能なのである。

戦後の戸籍制度が制定されて五〇年を機に、一九九九年、『現行戸籍制度五〇年の歩みと展望』という本が出されたことを書いた。分厚いこの本は戸籍制度に携わってきた人々がそれぞれのテーマで論文や感想を寄せる形式をとった貴重な資料である。現行戸籍制度に関してはありとあらゆることが記載されている。

ところがその中には「無戸籍」という記載はない。「非戸籍」である天皇・皇族に関する項もなかった。実は、それこそが戸籍制度を考える上で、また、登録制度としての近代化をはかるために必須で語られなければならないものだったにもかかわらず、オミットされてきたこと自体に戸籍制度が行き詰まる理由がある。

3 戸籍の近代化と無戸籍

正倉院に伝わる「正倉院文書」には七〇二年の戸籍（第3章扉写真）が残存している。氏名、性別、受付を示す鮮やかな朱印。民戸五〇戸からなる里ごとに一巻とするのを原則として男女別、年齢区分別の人数などが記されている。保存のよさもさることながら、そこに書かれているほぼ現在と同じような記載を見て驚く。

終戦後、新憲法のもとで民法が改正され、同時に戸籍も再構築される。家制度が帝国主義、植民地主義を広げるに至った要因であったことの反省のもとに、その解体をするためにはどのような制度・仕組みを作ったらいいのか。ただ、こと民法に関しては、戦前より欠落が指摘されていて、敗戦如何にかかわらず、その点については議論されてきた。

民法改正審議会委員だった法学者我妻栄は、議会・法学者の大勢が強く反対するのを押し切って、旧民法にあった「家制度」「戸主」「家督相続権」などを廃止する改正を行なった。

当時、あまりの激しい反対に、我妻はやはり法学の大家である中川善之助とともに「これ以上反対をする声が出るなら委員を辞任する」と、自らの首を賭けて闘い、改正を実現したという逸話もあるくらいだ。

「民法上の家は廃止されたが、氏は残った」

ほとんどの日本人は戦後「家制度は廃止された」と思い込んでいるが、「氏」が残っている以上、それは幻想である。我妻も『家の制度』の中でそう認めている。我妻は、戦後の大改正の中心にいながらも保守派の反対もあってそこまでたどり着けずに「妥協した」。そのことに後悔を滲ませているのだ。

明治民法制定時の大論争

我妻はこの『家の制度』の冒頭で、明治時代に行なわれた、民法典の中に家族制度を取り込むか否かの論争について言及している。法作成のため招かれたフランス人ボアソナードを中心に立案された民法案に対して起こった激烈な反対運動。その急先鋒、穂積八束の、有名な「民法出でて忠孝亡ぶ」と題された小論とその前後の論文を引きながら、反対派の主張を整理している。

そこで語られているのは、こういうことだ。

①家は、祖先を崇拝し祖先の霊祀を司る家長の下に、精神的結合をなす血族団体であり、家長を尊敬しつつその権力に服し、法律以外の秩序を保つものであるから、家をもってわが国の社会構成の基礎となすべきである

②その家の中心となり、祖先の神霊の体現者となるものは、家父即ち男子でなければならない
③家父の任務を完うさせるために、家産を一括して長男子に相続させなければならない
④「祖先教」を以て社会の秩序を正しくし、民族の宗家たる皇室を奉戴して一国一家を構成する、忠孝一如の国民精神の発露である

「家族制度」は「国体」＝「天皇制」そのものだ、とここには確かに表現されている。

穂積八束の主張に「家族制度は封建の遺風なり」として、真っ向から反対したのは梅謙次郎だ。後に法政大学初代総理(総長)となる梅は、経済的側面も鑑みて、当時としては非常にラディカルな主張を展開した。

「各人の平等を認め、自由を確立しなければ、わが国の経済的発展も、社会的向上も、望むことは出来ない、宜しく戸主権を廃止して親権だけとなし、家督相続を廃止して財産の均分相続を認むべし」

明治時代半ば、すでにこのような議論が交わされていたことには驚かされる。これを紹介しながら我妻は、二人の大学者の論争に象徴されるように、民法における家族法は「一方からは、不当に家族制度を軽視すると攻撃され、他方からは、旧套な家族制度に膠着すると非難」されるものであったと述べている。

その結果、民法・家族法は相反する主張の中で調整されて矛盾を抱える内容となった。常に

批判にさらされる「宿命的なもの」を背負わされていると、我妻は指摘しているのだ。

戦後の民法改正に対して、同様の二極から大きな議論が起こった。ここにも同じ「宿命」を感じる。「家族制度を守るべし」という保守派にとってその解体は我慢ならないものであり、さらに戦争に負けて憲法が「押しつけられた」「民法改正も押しつけだ」と抵抗して、その必要性を否定する主張も加わった。

その「押しつけ論」に対して、我妻は貴族院での討論でこう反論する。

「それは明治維新後八〇年、殊に、民法制定後五〇年の歴史を知らない者であります」

穂積・梅の大論争にも見られるように、民法については制定以来、社会の動静に合わせながらも、より民主的により平等に改正していくべきという基本姿勢で熱い議論が続けられてきた。それを思えばこの改正は必然であり、押しつけなどというのはナンセンスだと論破したのだ。

同じ討論において、我妻は、改正民法の要綱を紹介している。

彼はまず、「要綱を貫く最も大きな特色は、第一に、男女の平等への努力であります」とし、その内容を説明した。

「妻の能力を拡張し、母の親権を父の親権に近ずけ、夫にも或る程度の貞操義務を認め、妻の相続権を強化せんとしております。第二に……」

改めてこれを見て気づかされるが、ここに書かれていることは、我妻が行なった戦後の民法改正で初めて得られたものだ。逆に言えばそれまで民法上、これらは実現されていなかったということだ。

それまでは「妻は無能力」とされ、母の親権は父の親権に比べて圧倒的に弱く、夫には貞操義務はなく、妻の相続権は一般的には認められていなかった。

ここに挙げたのは、この改正で行なわれたもののほんの一部だ。我妻は続いて第二、第三に戸主権や家督相続などの改正を挙げる。事実それまでの戸主を支配者とする家庭内の封建的制度や、そこに置かれた無力な「嫁」の存在、「家」に帰属する財産システムなど日本の家族制度はすべて、ここから変わったのだ。

無戸籍者と「家制度」

もちろん、現在も「家」意識にとらわれている人は多い。誤解を恐れず言えば、今も多くの女性たちは自立や自由を謳歌しながらも、同時に、男性に庇護されて生きることが楽だし高価値だという意識を残している。

成年無戸籍者たちの親が家庭を持った六〇年代、七〇年代には、「結婚が幸せ」「子どもを産むことが幸せ」とする風潮が強くあっただろう。しかし二一世紀の今も、相談に来る若い母親たちは、無邪気にそれが幸せだと疑わないところがある。いまだに「子どもを持つこと」は家庭内での自分の位置を補完するものだと思っている人も少なくない。

家庭内だけではない。「交際している男性との関係を安定させるために子どもがほしい」と望む女性もいる。民法七七二条関連で出会う女性たちのうちのいくばくかに、そうした思いを感じることがある。

それは「家」意識を残した家庭や社会で「被支配者」として生きてきた女性たちの防衛本能でもあるのかもしれない。経済的、精神的に生きづらいから、強い者にすがる。その生き方では、すがる相手の善し悪しで、あるいはその関係がうまくいくかいかないかで、人生は大きく変わってしまうのだ。

そして、意外かもしれないが、私は日々接する無戸籍の子の母たちから、そうした旧来の「家」意識の残り香を感じることも多い。一見バラバラに見える無戸籍者と家族も、長い間関わっていると、違う姿が見え隠れする。弱い立場に耐え忍んだ末に、家を出ても離婚できない母。支配的な親を否定できず、親を扶養する貧しい子。自分のことより親のことを心配する子。むしろ家制度の中にふさわしいような、古風な家族の姿が根本にある。かれらこそある意味、旧民法の世界で生きているのかもしれないとすら思う瞬間が幾度かあるのだ。

無戸籍で苦しむ人々が、変わりきれないでいる日本の家族制度にそれでも頼らなければならないという矛盾こそに、この問題が解消されてこなかった一因があるのではないか。

住民基本台帳との二重性などからも、現在はむしろ戸籍があることによる不便さが際立つようになっている。国民総背番号制ともいうべきマイナンバーを登場させていることからも、もはや戸籍はお役御免となる寸前であることを、官僚はとうに気がついているであろう。

なぜ戸籍を廃止できないか

では、なぜ今に至るまで戸籍を廃止できないのであろうか。

明治民法の法的家族像は大家族を前提とした「家」だったが、現実の家族実態は一九二〇（大正九）年実施の第一回国勢調査が示しているように、一世帯当たりの人数は四・八九人だった。最も多い山形県でも五・九四人で、この数は「大家族」が中心だったとのわれわれのイメージとは大きな齟齬があるだろう。

つまりは明治の戸籍が示した「家」自体がフィクションだったのだ。誰もがそのフィクションを信じ、実際に国家の望む家族を作り、富国強兵の下支えをしていく結果となったのは、戸籍に対する意識が、秩序の意識と結合するところにあるからなのだ。

「戸口」の実態を把握するために、一九一四（大正三）年に「寄留法」が公布施行された。これは後の国家総動員法体制下、一九四〇（昭和一五）年の「世帯台帳」制度につながる。これが、戦後の一九五一（昭和二六）年の「住民登録法」、一九六七（昭和四二）年の「住民基本台帳法（住民票）」となったのである。まさに「戸籍」は「戸口」の実態を表さないからこそ、国勢調査が行なわれ、住民票につながっていった。それでも戸籍が必要だったのは、それ自体に人の意識を変え、ときに煽動する力さえあるものだと認識されていたからであろう。

そもそも戦後の民法改正時に、「籍」は家族単位でなく個人単位にするはずだった。氏も夫婦別氏制度に改正するはずだった。しかし、紙不足でできない、と司法省（現・法務省）はGHQに答えて、そのままとなった。環境が整い次第、個人単位および夫婦別氏制度に改正されるはずだったが、保守派の抵抗にあい現在に至るまで実現していないのだ。

法律上は廃止されたはずの家制度は、そこに脈々と生きている。戸籍という器の近代化に失敗した我妻栄が後悔を滲ませた部分である。

一方で、器はそこそこの改革ができたにもかかわらず、戸籍制度という名称そのものを引き継ぎ、残したがゆえに意識の上で戸籍の近代化が阻害されたと指摘するのは井戸田博史である。

「墓」の継承　「祭祀条項」の改正をめぐって

祖先を敬い、その表現として祖先祭祀を重んじること、つまり、盆や彼岸に墓参りをすることや祖先の年忌法要を営むことは一般的な風習として今も残っている。

こうした習俗としての祖先祭祀に、明治政府は国家規範である法を関わらせ、祭事財産承継を家督相続の特権として位置づけたことにより、それは「家」の永続性の象徴として価値づけられた。

一方でこの祭祀は、子孫の精神的縛りとしても機能してきた。だからこそ、戦後、日本国憲法下の民法改正時にこの「祭祀条項」は、「家」制度の存続と関連して大激論が交わされる一項目とされた。「これら祭祀条項の存在は自明の人倫とみるか「家」の亡霊とみるか、「家」の存亡をかけて争われた」(井戸田博史『家族の法と歴史』)のだ。

議論のポイントは主に①祭祀条項を残すか②残すとすると、それは誰が継承するものか③相続権と同じに議論してよいものなのか、との点だった。

そして、男女平等に関わる民法改正と同じように、保守派と改革派の大議論が巻き起こり、結果的に祭祀条項は、相続編と親族編に細かく分散され、いわば複雑化して規定された。

家制度が廃止された以上、「法律上の家」は廃止され、当然長男単独相続を原則とする家督相続の特権とされた祭祀条項(旧九八七条)も消える運命にあった。

しかし、祭祀条項は民法相続編に八九七条として残ることとなった。八九七条は祭祀継承者について①被相続人の指定②指定のないときにはその地方の慣習③指定もなく慣習も明らかでなければ家庭裁判所の調停・裁判によって決定する、と規定した。

そのうえさらに明治民法にもなかった条文、すなわち婚姻の解消・取り消し、離縁、縁組の取り消しの時の祭祀事項が、親族編(七六九条、七七一条、七五一条二項、七四九条、八〇八条二項)に新たに規定された。また、系譜、祭具及び墳墓の祭祀財産は、一般の財産相続の原則とは別に、特定の者が「祖先の祭祀を主宰すべき者」として承継することとなった。

「その地方の慣習」。この微妙な線引きが法律事項に書かれて、実質「長子相続」を残したのは一体どんなわけがあったのだろうか。

現行民法は一九四六年七月から改正の具体的作業に入り、第七次案まで議論をされて、翌年七月からの国会審議を経て現行民法となった。

このような内容になったのは、次のような理由があった。

一つは家制度を廃止しても、祭祀条項を財産相続の別枠とすることによって、家制度擁護を強硬に主張する保守派の抵抗を抑えるための妥協的政策だった。ここで廃止するのは「法律上の家」制度である。「我が国古来の淳風美俗とされた家族・家庭生活を否定するものでも、また祖先の祭祀を重んじる国民感情や習俗をなくすものではない」とし、この祭祀条項を置くことで「民法改正の第一歩を可能にした」(我妻)のである。「この規定があることによって、民法に対する攻撃とたたかうのがある程度楽になったとすれば、霊験あらたかな規定」(小沢文雄)であるとまでいわれたことは『戦後における民法改正の経過』に詳しい。

我妻栄は祭祀財産の継承をめぐっては、紛争解決としての必要性を感じており、「現実の問題として、これ等の所有権争いになったとき、これをもっぱら道義と習俗にゆだねてしまってよいかということになると、私は、肯定するに躊躇する。新法の認める程度のことは、必要なことだと思う」としている。そしてまた、改正法程度に「因習的な国民感情に一定の通路を残しておくことが、かえって身分関係の変動の自由を、その圧力から防止し得るゆえんであり、やがて因習的な国民感情自体の清算を早める道である」との期待もあって制定された。

しかし、民法八九七条は立法過程で明らかなように、祭祀条項は家制度温存の隠れ蓑として期待され、親族編の「身分関係変更による生前承継」の規定は、「民法をよく勉強した人でなければみつけることができない」(中川善之助)といわれるほど、親族法の各所に細かく分散している。祖先の祭祀は氏を同じくする者によって主宰される習俗を尊重するものであって、氏に結びつけられた法律効果であることは明らかで、氏を存続させ、氏を同じくする者に祭祀を承継させたいという因習的な国民感情を一層裏打ちする働きがあるといわざるをえない。

注目を集める「死後離婚」

こうして残った祭祀条項だが、今、別な面から注目を集めている。「死後離婚」である。

実際には死後離婚という制度があるわけではない。しかし、民法七二八条第二項では、亡き夫の姻族との関係を終了させることができる規定が設けられていて、法に則り、その手続きをする女性が増えているのである。

民法第七二八条（離婚等による姻族関係の終了）

1　姻族関係は、離婚によって終了する。

2　夫婦の一方が死亡した場合において、生存配偶者が姻族関係を終了させる意思を表示したときも、前項と同様とする。

つまり、自らの意思で「姻族関係終了届」を出せば、夫もしくは妻の親族との姻族関係を終了することができるということだ。

この届け出ができるのは、生存する夫または妻だけで、配偶者の親など相手の親族の同意などは不要。一方で、義父母の方から妻や夫との姻族関係を終了させることは認められていない。

二〇〇五年に一七七二件だった「死後離婚」の提出数は、二〇一五年二七八三件と一〇年で一〇〇〇件以上増えている。生前離婚だと配偶者の財産を相続する権利や遺族年金を請求する権利を失うが、死後「姻族関係終了届」を届け出れば、遺産を相続でき、遺族年金も請求できる。

一方で、夫や妻の死後、義父母等が生活のために経済的な援助を必要としている場合、扶養する義務を負うのは、原則として直系血族および兄弟姉妹だが、民法は八七七条で「特別の事情があるときは、三親等内の親族が扶養義務を負うこともある」と規定している。

また民法七三〇条で、「同居の親族は互いに助け合う義務がある」とし、同居している場合、互助義務を負う。こうしたことを嫌って「死後離婚」が増えているわけだ。同居をしていなくても、配偶者が死んだ後もその親族の墓参りや法事等の祭祀に出向いていかなければならない。ときにその責任も負う。それを残された配偶者は重荷と感じている。家制度のもとでの「嫁」的役割は消えたかと思われていたが、実はその遺風はあり、夫が死した後も妻たちを追い込んでいるのである。

問題は、明治国家としての家族像を描いた法律がこうして戦後も一部あちこちで残ったことだ。祭祀にしても、政策誘導的に行なわれた労働者の核家族化、少子化という状況の中では、既に祭祀の主体と客体は変化し、近代家族の概念をも越えようとしている。

「近代的小家族を公示するものが、昭和二二年戸籍法である。明治民法と現行家族法の法的家族像が、大家族制による「家」から近代的小家族に変わり、戸籍法の編製原理も、「大家族一戸籍」の明治三一年・大正三年戸籍法から、「一夫婦一戸籍」の昭和二二年戸籍法へと変更となった。それにもかかわらず、同じ「戸籍法」の名称が使われ、現実の移行措置として、一〇年間、旧戸籍が昭和二二年戸籍法によるものとみなされたこともあり、戸籍制度が廃止されたにもかかわらず、「家」意識・慣行を根強く残す一因となった」との井戸田博史の指摘も妥当と言えよう。

本来、無戸籍の問題は、新憲法下で行なわれた民法・戸籍法の改正の中で解決されるべき問題であった。法的家族像を個人の尊厳と男女の本質的平等に基づく近代的小家族においた以上は、個人別の身分証書制度を採用すべきとも井戸田は主張する。

しかしながらそこには至らず、男女平等は「婚姻の自由」と、中途半端ながらも実現した「嫁の解放」に具現化されたが、離婚女性や非嫡出子等子どもの問題は後回しにされたのである。そこにこそ戸籍が近代化できなかった理由がある。

4 ジェンダーと戸籍

新憲法のもとでも解決がつかなかった無戸籍問題の背景を知るにも、ジェンダーという視点で、政治体制や戸籍を見る必要がある。天皇制も含めて戸籍制度が現在抱える問題につながっているからである。

歴史学者の久武綾子によれば、三世紀、卑弥呼の時代は邪馬台国の「会同(政治集会)」に、席次の区別なく男女が参加した。六六三年の白村江敗戦後に、初の全国的戸籍である庚午年籍(六七〇年)が作られ、ここに初めて女子が登録される。しかし、六七二年の壬申の乱後、飛鳥浄御原令に基づく庚寅年籍(六九〇年)が作られ、六年一造の戸籍となるが、その際にはいったん女子は除外される。なぜならば、当時の戸籍は租税制度、徴兵実施のための基礎台帳であり、計帳的な意味に留まっていたからといわれている。

現存する律令時代の戸籍で数的に多く残っているのは大宝二年の美濃国、西海道、養老五年の下総国のものである。これらを見ると戸籍の女の名前は例外なく「○○女《メ》・売《メ》」である。女の名前につけられた「メ」は一人ひとりの性別(セックス)を判定して戸籍に記載し、それを公的負担の男女区分(ジェンダー)に転換するジェンダー記号だったのである。

七〇一年の大宝律令で二官八省と後宮一二司が整う。

戸籍の創業地である中国では成人男子および夫を失い、寡婦になった女性だけが対象だったが、日本では男女六歳以上に一律で口分田が支給された。稲を貸し付ける出挙も、中国では成人男性と寡婦だけなのに対して、日本では男女が貸し付け対象だった。中国のような夫を代表とする夫婦単位の家族経営が、日本では未成立だったからである。

口分田は、女子は男子の三分の二であった。女は町税負担で男性とは異なる扱いを受け、徴兵されなかった。また農民は、賦役の負担が少なくて、できるだけ多くの口分田を受けられるよう班田の台帳である戸籍に年齢や性別を偽り、男性を女性として申告した。「偽籍」で戸籍が女性ばかりになるなど、律令制度の賦役についてはジェンダー差を利用した行動も見られる。

また、女子の婚姻は口分田の移動をもたらすことになり、戸籍が擬制化するひとつの要因にな

った と推測される。

女性の高位者には男性の半分ではあるが、帳内・資人（いずれも舎人）を支給するとの規定があり、日本古代における女性の地位の高さの証明ともされている。

八世紀までは「ツマドヒ婚」すなわち夫婦別居制の行なわれた時代で、結婚しても当分の間は一緒に住まなかった。求愛・求婚して合意すれば、特別の儀式はなく、すぐに夫婦の性的関係が始まる。三カ月行き来しないと法的に離婚と見なされた。

現存古代戸籍に夫婦同姓が三分の一みられるが、それは現行法のように妻が婚姻によって夫の姓に改姓したのではなく、妻が自己と同姓の男と婚姻した「同姓婚」であった。

平安期、戸籍が衰退したことは既に第3章で書いた。その原因の一つは「籍帳の偽籍」である。戸籍上の課口の増加は国司の中央政府への負担増につながるため、国司と農民との対立を激化させるものでもあった。課口の詐称は国司が郡司等と共謀して行なったものと考えられるという。八世紀前半までの逃亡者関係を調査・分析すると、母―子、姉―妹の女系紐帯が圧倒的に多く、当時の家庭状況が既婚姉妹の連帯による女系合同家族であった可能性も指摘されている。

女性の「氏」の意味と変遷

「ウヂ」とは「ウミ（ム）チ（ウミの血）」がつまったものといわれるように、氏は、昔は「血統」を表すものだった。婚姻しても夫婦の血は混じることがなかったので、昔は婚姻によって氏が変わることはなかった。

これが変わるのは一八七七（明治一〇）年頃からである。氏が血統の呼称から「家」を表すものに変わったからである。今日では、氏は社会におけるひとつの生活単位としての夫婦と未婚の子から構成される現代的家族のシンボルとしての機能をはたすものにすぎない。しかし、今も九割以上の夫婦が婚姻の際には夫の姓を選択しているというのは、社会的に半ば強制的にそう誘導する装置が残っているからである。

我妻栄とともに戦後の民法改正に尽力した中川善之助は冗談まじりに「婚姻時の氏は妻の氏とする」と法改正したら、あっという間に夫婦別氏は実現するだろうと指摘しているが、氏について理屈で語れない人々が選択すら認めないことは、明治における支配構造の社会化がいかに頑強に、世代を超えて引き継がれているかを如実に表している。

古代末期および中世において女性は財産権があるにもかかわらず、年貢公事請負のための「名」は男性の責任において受けることが要求され、一般の慣習ともなってきたので、土地台帳である戸籍に女性の名前は現れなかった。

それは商工業の場合も同様で、たとえば土器造りは主に女性の仕事であったが、土器貢進の義務は男性の名で請け負われた。また、祝儀等の儀式には男性が出席した。

女性の手工業労働が、家庭内労働として家父長制のもとに包含され、「家」が生産の単位となる。たとえば酒造りも同様で、酒や麹を作って売るのは一般的に女性であったが、京都の酒屋の名簿を見るとほとんど男性、といった具合である。座権利や財産権を持っていても、それが領主との関係においては男性名義になる場合が多かった。中世も終わりになるに従い、「名義」だけだったものが、社会全体が男性中心になっていくのである。

中世後期になると「家意識」が成立して、女子の地位の低下、親子、夫婦の間の上下関係が深まり、近代へと持ち越される。具体的な家族像は戸籍がないから摑めないものの、この女性の地位の低下はイデオロギーの影響を受け、身分制度ともあいまって女性差別へと至るが、その速度は、どの階層にいるかによって違う。

男性優位になるのは、ひとつは軍役負担が必然化していくからである。

妾と戸籍

戦国時代を経て、江戸時代に入ると人別帳が作られる。江戸時代にも、武士も庶民も妻は一人と決まっており、重婚は禁じられていた。こと武士については妻をめとる要件が厳しく、主君に願い出て許可を得なければならなかったが、妾を持つには要件はいらない。つまり「妻二人」は禁止だが「妻」と「妾」は並立ではないために、何ら問題なく認められていたのである。

ただし、再婚するときに妾を妻にするのは禁止されるなど、妾の地位は低い。人別帳には妾は「家女」「下女」等と記され、主人とは妾奉公契約によるのが通例だった。

一夫一妻制を厳格に言いながらも、このような形で妾を公認していたのは、武家は子がなければ家名断絶、家禄もなくなるからである。「家」のためには武士の妻は子を生むことが何よりも大事とされ、妻に子ができなければ妾に子を生ませる。妾は年季奉公の一種で、年季の定めがあってもなくても、子を生んだ後は主人の方から一方的に解雇ができたというから、あくまでも「召使い」であった。

一方で、一八七〇(明治三)年に制定された「新律綱領(刑法)」では、養老令の五等親族制にならった五等親図が設けられて、妾は再び妻と同じく二等親とされた。ただし、妾にも種類があり、戸籍上、附籍の形式や雇い人として年季奉公の形式で同居する形式もあった。一八七一(明治四)年の「戸籍同戸列次の順」には妻の記載はない。ところが一八七三(明治六)年の太政官布告では「妻妾でない婦女が生んだ子は私生とし」と書き、妾も配偶者であることが明記された。妾を本妻に直すことについての一七三三(享保一八)年の厳禁が、このとき解かれたのである。一八七五(明治八)年には京都府からの陳情で、売女と区別するために妾を戸籍に登録するべきとの意見も出てきて、戸籍に記載された妾のみを配偶者と認めるようにしている。一八七八(明治一一)年には複数名の妾を入籍してもよい、となった。

これは明治一三年刑法(一五年施行)において妾の文字が消えるまで継続された。妾の廃止が難航したのは、天皇制の存続との関係で、畜妾(妾を持つことを明治期にはこう称した)制を支持する意見が強かったからである。

その後、一八八一(明治一四)年に施行された刑法では、「第二妻は親族に含めない」ことになり、一八九八(明治三一)年に施行された戸籍法によって完全に「一夫一婦制」になった。とはいえ、刑法上は畜妾制が廃止されたが、事実上妾を囲っても別に犯罪として取り締まるわけではなく、妾の子は認知によって相続権が認められた。

近代的家族は性的役割分担を前提として考えられていた。一九世紀に入ると、それまでの「女、子も働いて生活の糧を得るモデル」から、「一夫一妻制で、正式な婚姻から生まれた嫡出子」という家族像が生まれ、イギリス王室やロシア皇帝が自らの家族を使ってその規範を国民に見せて来た。一方で、日本の場合は天皇自身が庶子であるため、異母兄弟、異父兄弟が多く、明治の時代に厳然たる一夫一婦制を実現するのは難しかった。それゆえに一九〇〇年の皇太子ご成婚は、一夫一妻制キャンペーンとも捉えられたのである。

明治の戸籍とジェンダー

明治期の戸籍の記載順は、当時の女性の位置を最もよく示す資料となる。たとえば江戸時代の宗門人別改帳は、名前人、女房、子、母、弟、弟の子、といった順番だった。つまり本人、妻子、尊属の順番だ。

明治五年式戸籍では、戸主、尊属、妻子の順に変わる。儒教的な原理に基づき、戸主を筆頭に、戸主の身分関係を表示して、尊属、戸主配偶者、卑属、その配偶者、兄弟姉妹、その他傍系親の順。これは「戸籍同戸列次の順」によって配列されたのである。ただ、明治政府は江戸時代に庶民には許されていなかった氏使用を許可し、武士と庶民間の差別を撤廃しようとした。一八七一(明治四)年の戸籍法では戸籍同戸列次の順によると、妻の戸籍上の位置づけは、戸主、父母の次になる。

一方で、一八九八(明治三一)年の民法施行までは妻は「所生の氏」を称するよう指令されていた。

また、一八七三(明治六)年、華士族家督相続法が改正され、惣領男子に限っていた家督相続をやむを得ない場合は女子にも認めるとした。しかし、女戸主が入夫あるいは養子を迎えれば、ただちに戸主の座を譲るようにとされ、女子相続は「中継ぎ相続」であったことを示している。

当時、石川県では明治五年式戸籍において、男子はすべて氏名とも楷書。女子は名前のみ、しかも全員草書体仮名文字で、出生年月日とも朱書し、紙の色も男子は白色、女子は黄色であった。妻の身分事項に「所生の氏」が記載されたが、大部分はそれがなかったという。

現代に残るジェンダー差別

明治時代に妾の子を庶子として相続権を認めたことに対し、キリスト教の一夫一妻制度の影響を受けた啓蒙学者たちは猛反対する。こうした婚外子の問題は、新憲法での民法改正以降も大きな問題を残す。一つは相続分差別の問題、そしてもう一つは戸籍や住民票記載による差別である。

一九九六年、法務大臣の諮問機関である法制審議会は、婚外子と嫡出子の相続を同等にする民法改正案要綱をまとめたが、もう一つの柱だった選択的夫婦別姓制度導入への反対論が根強く、国会へ提出されなかった経緯もある。

立法府が不作為であることには、二〇〇三年に国連女子差別撤廃委員会第二九回会期日本国報告・審査で、「委員会は、民法が、婚姻最低年齢、離婚後の女性の再婚禁止期間、夫婦の氏の選択などに関する、差別的な規定を依然として含んでいることに懸念を表明する。委員会は、また、戸籍、相続権に関する法や行政措置における婚外子に対する差別及びその結果としての女性への重大な影響に懸念を有する」と報告するに至っている。

その時点から、さらに一〇年が経った二〇一三年九月、ようやく最高裁判所大法廷は相続においても婚外子を差別する民法の規定が違憲であるとの判断を下した。法律婚制度は日本社会に定着しているが、家族の形態は多様化していること、また、父母が婚姻関係にないという子にとって選択の余地がない理由で不利益を及ぼすことは許されないとの判断だった。

立法府は、非嫡出子の規定は法の下の平等を定めた憲法に違反するとの判断を受けて措置を講じて、婚外子と嫡出子の相続分は原則同じになった。

一方、戸籍の父母との続柄欄において嫡出子は「長男」「長女」と記載されるが、二〇〇四年一一月一日までは非嫡出子は「男」「女」と記載されていた。

東京地裁二〇〇四年三月二日判決は、「当時の続柄欄の記載は戸籍制度の目的との関連で必要性の程度を越えており、プライバシー権を害している」との判断を示した。それを受け、この規則は二〇〇四年一一月一日より改正され、それ以降に非嫡出子出生の届出がされた場合、嫡出子と同様の「長男」「長女」という記載がなされることとなった。ただし、既に「男」「女」と記載されているものに関しては、当事者の申請によって初めて更正され、また除籍等については申請しても更正を拒否されるなど、問題が多いと指摘されている。

これに対して住民票の世帯主との続柄記載は、一九九五年三月に行政の責任において一律に「子」と更正されている。コンピュータ化も個々の記載事項の変更も住民票の方が戸籍に先んじている。その理由は「戸籍意識」(本章第一節参照)なのだろうか。

それにしても、新憲法のもとで民法が改正されて七〇年が経つが、上記のような歩みはごくごく最近の話である。そもそも明治維新から一五〇年、民法制定からは一三〇年になる。もはやその約半分以上の月日が新憲法下であったことを考えると、あまりに遅遅とした歩みについて、忸怩たる思いもある。

戸籍が女性に求めたもの

明治政府の成功は、それまでの自然的ムラにあった身内の意識を全国に拡げて、天皇を家父長に仕立てたことにある。そうした圧倒的存在を持つことによって、主従の関係、夫婦の関係、親子の関係を規定していくこと。西欧の強国の植民地にされないために、序列を明確にする組織を作り出すべく戸籍を展開させることで、さもいにしえからつながっているかのようなファンタジーを構築し、また、その規則を疑問なく守る性的役割分担を女性たちに担わせることを、改革の柱としていたのである。関口すみ子、長野ひろ子といった卓抜した研究者たちがこの時代の女性たちの役割分担を読み直す作業を行なっている。道徳を掲げ、それを実現するためには、差別を生み出す装置として戸籍は大きな役割を担ったのである。

戦後も表向きの差別は改善されているかのように見せかけつつ、肝心なところは変えず、見せしめとしての無戸籍者を放置することによって女性たちの行動規制を行ない、それを法律で担保してきたのではなかっただろうか。

5 失われていく機能

戸籍や国籍について調べようとしても、家族法の分野に比して、研究論文の類が少ないことは前述した通りである。特に、一九八〇年代後半以降におけるこの分野の研究は極端に少なくなっていることに気づく。部落解放運動等の結果、戸籍についての目に見える分野での差別がなくなり、研究対象から外れる程に無力化しているのかもしれない。また一方ではバブルに向かい、それまで国内の社会的問題に集中していた目が、外に向けて逸らされていく時代背景の影響も考えられる。

差別はもちろんなくなってはいない。しかし、こと戸籍の記載事項や開示の仕方に関していえば、かなりの部分で差別から遠ざけることができたことは事実だろう。だからこそ、佐野眞一による橋下徹元大阪市長の出自をめぐる記事が気軽に掲載されたのであり、民進党代表辞任に至った蓮舫の戸籍開示についても、「戸籍のカジュアル化」ともいうべき、差別に無自覚な行為が出てきたのかもしれない。

既に戸籍は制度疲労を起こし、名ばかり、タテマエばかりとなり、どんどんその機能を減らしていく。当初の警察的機能も、租税徴収の機能はマイナンバーに、社会福祉的な機能は住民票に収斂されていく。

もはや戸籍には、道徳的価値や差別を生む機能しか残っていないのだろうか。

そう思うと、無戸籍者たちの存在は今の戸籍の立ち位置を先取りして具現化したともいえる。

法務省は二〇一五年から「無戸籍者ゼロタスクフォース」を立ち上げ、無戸籍者の実態調査をさらに詳細にすることや、日本弁護士会等と連携しながら戸籍登録へとつながるようサポート体制を作っているが、ゼロには到底行き着かない。本当にゼロにする気持があるならば、出してくるメニューは違うはずだ。どこまで本気なのか支援の身近にいると疑問も生じてくる。

一方でこの状態を続けていくことで、バグの穴は広がるばかりである。構造的なバグはわかった段階で、当然ながら取り除いて改善されるものだろう。しかし、この一五年の無戸籍支援活動の中で私が悟ったのは、バグの中にこそ戸籍制度を神格化しようという邪気が宿っているということである。バグは実はバグではなく、「わざわざ残している」ものなのだ。

続く明治的支配

戦後、普通選挙が実現し、女性参政権が認められた。今や、一八歳を越えれば政治に参加できる。自他ともに日本は民主主義国家だと認められている。

ところが、たとえ政治が整ったように見えていても、私たちが現に生きている戦後七〇年の歴史は、日本社会では女、妻、子ども、老人、被差別部落、外国人等の差別が根本的にはなくなっていないことを証明している。

なぜなのか。

松田道雄はそれを、祭を回る政治家の姿に見た。

占領軍の強行した農地改革によって、山林をのぞいて地主は姿を消した。地主にかわって議員があらわれた。表向きは民主主義の「代議士」であるが、選挙や投票行動すら習俗として抱き込むことで、明治的支配は戦前と同じように続いているのだ。

この傾向は、保守、革新を問わない。政党も、それを支える後援会も、また労働組合等の組織も、村社会的古典的な支配の形を変えられないでいる。

実際、二一世紀の現在も縁故や口利き的政治が平然と行なわれ「友だちびいき」として批判を浴びている「身内の意識」を全国に拡大してきた政治権力の先にある、明治政府と地続きなのである。

そしてそうした「身内意識」を維持するためにも戸籍が、また、理不尽であっても見せしめ的な役割を担わされる、はじかれた存在としての無戸籍が必要だったのである。それは今も変わらないからこそ、無戸籍の問題は解消されないままなのである。

日本独自の歴史や文化を否定するものではない。ただ、私たちは戸籍のために生きているのではない。

二〇一七年で開設一〇年を迎えた熊本の「こうのとりのゆりかご」(いわゆる「赤ちゃんポスト」)が毎年行なっている調査の報告書には、生まれた子どもを自分で育てられず、預けることに至った理由の上位に常に戸籍があがっている。

「戸籍を汚したくない」

祖父母や家族ではなく、年端もいかない若い親たちが発するこの言葉は、誰に向けて発せられているのだろうか。「今、ここに生きる子ども」より、自ら、もしくは家族の戸籍が尊重されるという、奇妙な、いやそれがあたりまえとされてしまう価値観はいったいどこから来たのか。それは今後も同じように続くのか。

戸籍が単なる登録制度としてではなく、国民に対して精神性や道徳性の規範を植えつけるものとして価値付けされてきた名残が、望まぬ妊娠をした一〇代の若い母親、父親の言葉に見える。かれらばかりではない。私たちも好むと好まざるとにかかわらず、社会の中の空気としてその「明治的価値」をさらに再生産して、自らの身体に取り込んでしまっているのではないか。

地縁・血縁を中心にして回ってきた村意識は希薄となり無縁社会という言葉も日常に使われるようになっている。仲間意識を醸成する枠組みは、グローバル化や思わぬ速度で進むインターネット等で多様化し、その分、今までわれわれがとらわれて来た常識は揺らいでいる。

しかしその揺らぎが、それまでの社会で構築されてきた閉鎖性の壁を打ち砕き、それぞれの尊厳を尊重する方向かといえば、そこは気をつけてみていかなければならない。

たとえば神事である祭に行けば、町内会のテントが設けられ、地域の顔役や行政組織の人々が陣取る。少子化で氏子が減る中で祭が成立しがたくなっている神社にとっては、地縁血縁のみのものだった祭に人を呼び込むことができるメリットもあり、そこに新たな地縁が生まれようとしてはいる。一方で、一つ間違えるとそれは個人を拘束したり、排他的組織となることが、どこまで意識されているだろうか。風習、習慣、文化として醸成された中に、仲間作りや組織の秩序維持という巧妙な形で明治的支配は潜んでいるのだ。

しかし、物理的な型が変わることで、意外にあっさりと「伝統」という名の支配構造は変化を求められるかもしれない。

個人を管理するマイナンバーと戸籍がひも付けされる方向が決定されたことを書いた。となると、少なくとも戸籍のうちの本籍の機能はいらなくなる。戸籍の「戸籍たる柱」は早晩「確実に」消えるのである。

そもそも戸籍は法定受託事務となっている。戸籍の数は交付税の算定基準に戸籍住民基本台帳費として組み込まれ、現行では戸籍数に対し一五八〇円、世帯数に対し二四二〇円が基準である。ただ、東京都のような不交付団体の場合は交付されない。つまり、戸籍の登録者が多ければ多い程、コストだけがつみあがる形だ。

実際の課税や福祉を行なうのは個人の住民票がある自治体だから、自治体は戸籍人口をいくら増やしても、そうメリットはない。戸籍の管理作業に対する国からの対価が行なっている作業より多ければいいが、実際の経費の約七割と言われている。果たして自治体にとってはこの仕事をするのがいいのか判断に迷うところだ。実際、入力作業はコンピュータ化の時アウトソーシングされたから、自治体にとってはまったくうまみのないものとなる。そして管理機能も今や毎日、全国二カ所で集中管理となると、今後ますますどこが主体となって戸籍制度を維持していくのだろうかと心配にさえなる。

もしかするとある日突然「戸籍がなくなる日」が来るのかもしれない。

実際、これだけ多くの無戸籍者が可視化されている現状は、戸籍そのものの存否を問う、いや、静かにフェードアウトする予兆なのかもしれない。

戸籍がなくなった時、私たちは自分の依って立つ場を失い、家族は崩壊し、社会は混乱して、国家としての「格」も失うのであろうか。

国の内外を問わず、多面的に存在する日本の無戸籍者は、その存在を通じて、改めて「国民とは」「国家とは」そして「私とは」という根源的な問題をすべての「日本人」に投げかけているのである。

参考文献

ジョージ・アキタ、ブランドン・パーマー『「日本の朝鮮統治」を検証する 1910-1945』草思社文庫、二〇一七年
アジア家族法会議編『戸籍と身分登録制度』日本加除出版、二〇一二年
網野善彦『海民と日本社会』新人物往来社、二〇〇九年
新井政美『憲法誕生 明治日本とオスマン帝国 二つの近代』河出書房新社、二〇一五年
新谷正夫「沖縄戸籍断章」戸籍法五〇周年記念論文集編纂委員会編『現行戸籍制度五〇年の歩みと展望 戸籍法五〇周年記念論文集』日本加除出版、一九九九年
蘭信三編著『帝国以後の人の移動 ポストコロニアリズムとグローバリズムの交錯点』勉誠出版、二〇一三年
粟野仁雄『サハリンに残されて 領土交渉の谷間に棄てられた残留日本人』三一書房、一九九四年
五十嵐広三・高木健一・田中宏・大沼保昭「連続討論・戦後責任 私たちは戦争責任、植民地支配責任にどう向き合ってきたか 第6回 サハリン残留韓国・朝鮮人問題」『世界』二〇〇三年八月号
石村博子「サハリン・シベリアで生き抜いた日本人 一時帰国の道を拓いた小川峡一と仲間たち」『世界』二〇一七年九月号
五木寛之『隠された日本 中国・関東 サンカの民と被差別の世界』ちくま文庫、二〇一四年
井戸まさえ『無戸籍の日本人』集英社、二〇一六年

――「再婚禁止期間「一〇〇日短縮案」は差別を固定化する」『世界』二〇一五年七月号
――「戸籍のない日本人たち「無戸籍問題」とは何か」『世界』二〇一五年一一月号
――「〝蓮舫氏の「二重国籍問題」〟から浮かぶもの「戸籍」の現在と日本人」『世界』二〇一七年九月号
井戸田博史『家族の法と歴史 氏・戸籍・祖先祭祀』世界思想社、一九九三年
井上卓弥『満洲難民 三八度線に阻まれた命』幻冬舎、二〇一五年
今泉裕美子・柳沢遊・木村健二編著『日本帝国崩壊期「引揚げ」の比較研究』日本経済評論社、二〇一六年
今川徳三『江戸時代無宿人の生活』雄山閣、一九七三年
色川大吉『明治精神史(下)』岩波現代文庫、二〇〇八年
岩下明裕『入門 国境学 領土、主権、イデオロギー』中公新書、二〇一六年
氏家幹人・桜井由幾・谷本雅之・長野ひろ子編『日本近代国家の成立とジェンダー』柏書房、二〇〇三年
宇野栄一郎「就籍許可手続に関する諸問題」『駒沢大学法学部研究紀要』一九六七年
遠藤正敬『近代日本の植民地統治における国籍と戸籍 満洲・朝鮮・台湾』明石書店、二〇一〇年
――『戸籍と国籍の近現代史 民族・血統・日本人』明石書店、二〇一三年
――『戸籍と無戸籍「日本人」の輪郭』人文書院、二〇一七年
大久保喬樹『洋行の時代 岩倉使節団から横光利一まで』中公新書、二〇〇八年
大山尚「重国籍と国籍唯一の原則」『立法と調査』No. 295、二〇〇九年
大湾朝謙「復帰後の沖縄戸籍の整備」戸籍法五〇周年記念論文集編纂委員会編『現行戸籍制度五〇年の歩

みと展望　戸籍法五〇周年記念論文集』日本加除出版、一九九九年
沖縄県『日米結婚・離婚・子どものためのハンドブック』二〇一六年
荻生徂来『政談』辻達也校注、岩波文庫、一九八七年
奥平康弘『「萬世一系」の研究　「皇室典範的なるもの」への視座』岩波書店、二〇〇五年
兼坂千『生きられた我が樺太』文芸社、二〇一二年
兼松左知子・福島瑞穂・若穂井透『少年事件を考える　「女・子供」の視点から』朝日新聞社、一九八九年
柄谷行人『遊動論　柳田国男と山人』文春新書、二〇一四年
菊池邦作『徴兵忌避の研究』立風書房、一九七七年
木村三男「旧法戸籍の新法戸籍への改製」戸籍法五〇周年記念論文集編纂委員会編『現行戸籍制度五〇年の歩みと展望　戸籍法五〇周年記念論文集』日本加除出版、一九九九年
木村三男・竹澤雅二郎『戸籍における高齢者消除の実務』日本加除出版、二〇一一年
――『滅失戸籍再製の実務　戸籍の再製一般から震災による行方不明者の死亡手続まで』日本加除出版、二〇一二年
久留島典子・長野ひろ子・長志珠絵編『歴史を読み替える　ジェンダーから見た日本史』大月書店、二〇一五年
黒田弘子・長野ひろ子編『エスニシティ・ジェンダーからみる日本の歴史』吉川弘文館、二〇〇二年
アーネスト・ゲルナー『民族とナショナリズム』岩波書店、二〇〇〇年
玄大松『領土ナショナリズムの誕生』ミネルヴァ書房、二〇〇六年

駒井洋監修、佐々木てる編著『マルチ・エスニック・ジャパニーズ　○○系日本人の変革力』明石書店、二〇一六年
近藤孝子・笹原茂・小川峡一『樺太（サハリン）の残照　戦後70年近藤タカちゃんの覚書』日本サハリン協会、二〇一五年
崔弘基『韓国戸籍制度史の研究』第一書房、一九九六年
エレーナ・サヴェーリエヴァ『日本領樺太・千島からソ連領サハリン州へ　一九四五年―一九四七年』成文社、二〇一五年
坂本多加雄『日本の近代2　明治国家の建設1871～1890』中公文庫、二〇一二年
坂本洋子『法に退けられる子どもたち』岩波ブックレット、二〇〇八年
桜井梓紗「「無戸籍問題」をめぐる現状と論点」『立法と調査』No. 381、二〇一六年
桜井由幾・菅野則子・長野ひろ子編『ジェンダーで読み解く江戸時代』三省堂、二〇〇一年
佐々木毅他『日本の境位を探る』四谷ラウンド、一九九五年
佐々木てる『日本の国籍制度とコリア系日本人』明石書店、二〇〇六年
佐藤綾子『平成二八年度戸籍事務初級研修資料』二〇一六年
佐藤文明他『戸籍解体講座』社会評論社、一九九六年
佐藤文子「戸籍人展望」『戸籍』八七七号、二〇一二年
佐谷眞木人『民俗学・台湾・国際連盟　柳田國男と新渡戸稲造』講談社選書メチエ、二〇一五年
澤田省三『家族法と戸籍をめぐる若干の問題』テイハン、二〇〇〇年
――『ガイダンス戸籍法〔出生編〕』テイハン、二〇〇一年

ジョルダン・サンド『帝国日本の生活空間』岩波書店、二〇一五年
塩出浩之『越境者の政治史　アジア太平洋における日本人の移民と植民』名古屋大学出版会、二〇一五年
塩見鮮一郎『貧民の帝都』文春新書、二〇〇八年
――『江戸の貧民』文春新書、二〇一四年
――『戦後の貧民』文春新書、二〇一五年
司馬遼太郎『街道をゆく10　羽州街道、佐渡のみち』朝日文庫、二〇〇八年
清水唯一朗『近代日本の官僚』中公新書、二〇一三年
新藤謙『「明治的支配」と市民思想　暗い夜を前に松田道雄を読みかえす』田畑書店、二〇〇二年
杉田敦『境界線の政治学 増補版』岩波書店、二〇一五年
関口すみ子『御一新とジェンダー　荻生徂徠から教育勅語まで』東京大学出版会、二〇〇五年
――『国民道徳とジェンダー　福沢諭吉・井上哲次郎・和辻哲郎』東京大学出版会、二〇〇七年
――『管野スガ再考　婦人矯風会から大逆事件へ』白澤社、二〇一四年
――『良妻賢母主義から外れた人々　湘煙・らいてう・漱石』みすず書房、二〇一四年
――『近代日本公娼制の政治過程　「新しい男」をめぐる攻防　佐々城豊寿・岸田俊子・山川菊栄』白澤社、二〇一六年
髙橋昌昭『新版　年表式戸籍記載例の変遷　明治三一年〜現行記載例まで』日本加除出版、二〇〇七年
瀧井一博『文明史のなかの明治憲法　この国のかたちと西洋体験』講談社選書メチエ、二〇〇三年
橘玲『ダブルマリッジ』文藝春秋、二〇一七年
都出比呂志『古代国家はいつ成立したか』岩波新書、二〇一一年

角田房子『悲しみの島サハリン　戦後責任の背景』新潮文庫、一九九七年
徳永秀雄「沖縄関係戸籍事務所について」戸籍法五〇周年記念論文集編纂委員会編『現行戸籍制度五〇年の歩みと展望　戸籍法五〇周年記念論文集』日本加除出版、一九九九年
利田敏『サンカの末裔を訪ねて』批評社、二〇〇五年
エマニュエル・トッド『移民の運命　同化か隔離か』藤原書店、一九九九年
――『世界の多様性　家族構造と近代性』藤原書店、二〇〇八年
奈賀悟「ルポ　サハリンの日本人　何が帰国を阻んだのか」『世界』二〇一七年二月号
長尾龍一編『穂積八束集』信山社、二〇〇一年
長野ひろ子・姫岡とし子編著『歴史教育とジェンダー　教科書からサブカルチャーまで』青弓社、二〇一一年
長野ひろ子『日本近世ジェンダー論「家」経営体・身分・国家』吉川弘文館、二〇〇三年
中山大将『亜寒帯植民地樺太の移民社会形成　周縁的ナショナル・アイデンティティと植民地イデオロギー』京都大学学術出版会、二〇一四年
成毛鐵二編『新編戸籍実務とその理論』日本加除出版、一九六五年
橋本健二『「格差」の戦後史　階級社会　日本の履歴書』河出ブックス、二〇一三年
羽原又吉『漂海民』岩波新書、一九六三年
原武史『皇后考』講談社、二〇一五年
久武綾子『氏と戸籍の女性史　わが国における変遷と諸外国との比較』世界思想社、一九八八年
二松啓紀『移民たちの「満州」　満蒙開拓団の虚と実』平凡社新書、二〇一五年

ニコライ・ブッセ『サハリン島占領日記 1853–54　ロシア人の見た日本とアイヌ』東洋文庫、二〇〇三年
穂積重行『明治一法学者の出発　穂積陳重をめぐって』岩波書店、一九八八年
穂積陳重『復讐と法律』岩波文庫、一九八二年
――『忌み名の研究』穂積重行校訂、講談社学術文庫、一九九二年
――『タブーと法律　法原としての信仰規範とその諸相』書肆心水、二〇〇七年
穂積八束「「家」ノ法理的観念」『法学新報』第八十五號、一八九八年
毎日新聞社会部『離婚後300日問題　無戸籍児を救え！』明石書店、二〇〇八年
牧英正・藤原明久編『日本法制史』青林書院、一九九三年
町永妙子『クロトンポイントの夏』高野企画印刷、二〇一〇年
松田道雄『私は二歳』岩波新書、一九六一年
――『日本知識人の思想』筑摩書房、一九六五年
――『革命と市民的自由』筑摩書房、一九七〇年
――『新しい家庭像を求めて』筑摩書房、一九七九年
――『町医者の戦後』岩波ブックレット、一九八八年
――『わが生活　わが思想』岩波書店、一九八八年
――『私は女性にしか期待しない』岩波新書、一九九〇年
松本健一『明治天皇という人』毎日新聞社、二〇一〇年
御厨貴『日本の近代3　明治国家の完成 1890～1905』中公文庫、二〇一二年
三角寛『サンカ外伝』河出文庫、二〇一四年

三谷太一郎『日本の近代とは何であったか　問題史的考察』岩波新書、二〇一七年
宮本常一『忘れられた日本人』岩波文庫、一九八四年
八木公生『天皇と日本の近代(下)「教育勅語」の思想』講談社現代新書、二〇〇一年
山折哲雄『これを語りて日本人を戦慄せしめよ　柳田国男が言いたかったこと』新潮選書、二〇一四年
山川一陽『戸籍実務の理論と家族法』日本加除出版、二〇一三年
山主政幸「家族法と戸籍意識」日本大学法学会編『民法学の諸問題』日本大学法学会、一九六二年
――「明治戸籍法の一機能」福島正夫編『戸籍制度と「家」制度』東京大学出版会、一九五九年
吉田一彦『『日本書紀』の呪縛』集英社新書、二〇一六年
吉武輝子『置き去り　サハリン残留日本女性たちの六十年』海竜社、二〇〇五年
米原謙『国体論はなぜ生まれたか　明治国家の知の地形図』ミネルヴァ書房、二〇一五年
米原万里『嘘つきアーニャの真っ赤な真実』角川文庫、二〇〇四年
李英美『韓国司法制度と梅謙次郎』法政大学出版局、二〇〇五年
我妻栄『家の制度　その倫理と法理』酣燈社、一九四八年
――『新しい家の倫理』学風書院、一九四九年
我妻栄編『戦後における民法改正の経過』日本評論社、一九五六年
我妻栄・中川善之助・遠藤浩編『暮しのための法律』第一法規、一九七三年
『詳説日本史図録　第五版』山川出版社、二〇一一年
「沖縄の法制および戸籍・土地問題等の変遷(上)」『ジュリスト』四五七号、一九七〇年
「論調紹介　韓国からみたサハリン問題」『世界』一九七三年一一月号

おわりに

目の前で苦しんでいる人がいるときに「制度」の話をしてもまったく役に立たない。しかし、一方で制度そのものの議論をしなければ、問題は解決しない、なくならない。その狭間を埋めるためには、歴史をたどり、立法に至る経緯を調べ、時には個人の裁判記録を読み尽くす、具体事例をとことん聞き尽くすしかないのではないかというのが、一五年間無戸籍問題に携わってきた私の実感でもある。

本書を執筆中に、戦争により旧樺太・サハリンに残された、そして「日本政府に否定された」残留日本人三〇五人を永住帰国に、述べ三五〇九人を一時帰国に導いた小川峡一《よういち》氏が亡くなった。

「国がやらないから、自分がやった」という小川氏の言葉はあまりに重い。第4章でも書いたが、小川氏の取り組みは、ある日突然本籍地がなくなり、戸籍の原本が消え、自分が証明できないまま、厳しい自然環境の中で生きぬいて来た人々の「尊厳」を取り戻す作業だった。

その「尊厳」が守られるか否かが、日本の場合、戸籍という一枚の紙で変わるのだ。思考が、生き方そのものがこの紙にパッケージされ、規定化されていく。それを無自覚に受け入れることはいつしか加害の立場となる危険性すら伴う。それにすら気づかせないことへの危機感を、さまざまな背景を持つ無戸籍者たちの存在に抱かなければならないのだと思う。

小川氏のご冥福をお祈りする。

二〇一六年〜二〇一七年に起こった蓮舫氏の二重国籍問題で最も驚いたことは、「戸籍開示」となった瞬間に、それまで声をあげなかった人も含めて、過剰とすら感じるまでの反応を示したことだった。これだけ戸籍が話題になり、論じられたのも久しくなかったのではないだろうか。しかし、蓮舫氏が代表を降りた瞬間から、戸籍も国籍も社会の興味関心から外れていく。人としての尊厳すら消してしまう戸籍制度は、実は万能ではなく、登録制度としてはむしろ未熟であることは本書を通じて見てきた通りだ。「世界に冠たる戸籍制度」は、住民票やマイナンバーの支えがなければ立っていけないほどになっているのである。しかし、人々はなぜその現実を知り、受け入れようとしないのだろうか。

今こそ一過性ではない議論が求められている。

この本の刊行までには、多くの方々のご協力と励ましをいただいた。取材を受けていただいた「日本の無戸籍者」の皆さんに、心からの感謝を申し上げる。

特にNPO法人「日本サハリン協会」斎藤弘美会長、笹原茂氏、住岡今日子氏には、多大な取材協力をいただいた。

戸籍実務に関しては、元法務省民事局にいらした澤田省三氏、木村三男氏にご指導いただけたのは、何より有難いことだった。

また、国立国会図書館の優秀な司書の皆さんには今回も本当にお世話になった。

その国立国会図書館には議員閲覧室という部屋があり、明治二三年の第一回帝国議会衆議院選挙以来の、すべての国会議員の著作が並ぶ。植木枝盛、伊藤博文、穂積陳重、そして私自身はその考えにはくみしないものの、穂積八束などなど。かれらの残した言葉からは、現在の政治家とは比べものにならないほどに、「国とは何か」「日本人とは何か」を「熟考」「熟議」していたことが読み取れる。頁をめくられることもなかっただろう著作に触れると、言いようのない感情にとらわれる。この本は、先の時代を歩いたかれらとの対話でもあった。


作家の佐藤優氏には折に触れて的確な指導をいただいている。あらためて感謝したい。また今回は、作家の橘玲氏には重婚等の部分で多くの示唆をいただいたことにお礼申し上げたい。

アカデミズムの世界でも「戸籍」「国籍」は地味な分野だ。孤軍奮闘、歩みを進める遠藤正敬氏に心からの尊敬と感謝を。氏は戸籍というある種のタブーに向き合う途方もなさと高揚を共有できる、唯一の存在である。

岩波書店中本直子さんには幾度も助けられた。沖縄、サハリン、サンクトペテルブルク他、共に行なった取材で受けた衝撃やその重さが本書のどこかに読み取れますように。

そして「私たちの旅はまだ終わっていない」。これを感謝の言葉に代えたいと思う。

二〇一七年八月　国立国会図書館にて

井戸まさえ

井戸まさえ

1965年生まれ．東京女子大学卒業．松下政経塾9期生．5児の母．東洋経済新報社記者を経て，経済ジャーナリストとして独立．兵庫県議会議員(2期)．衆議院議員(1期)．NPO法人「親子法改正研究会」代表理事，「民法772条による無戸籍児家族の会」代表として無戸籍問題，特別養子縁組など，法の狭間で苦しむ人々の支援を行っている．
著書—『無戸籍の日本人』(集英社)『子どもの教養の育て方』『小学校社会科の教科書で，政治の基礎知識をいっきに身につける』(東洋経済新報社，共著)．

日本の無戸籍者　岩波新書(新赤版)1680

2017年10月20日　第1刷発行

著　者　井戸《いど》まさえ

発行者　岡本　厚

発行所　株式会社　岩波書店
〒101-8002 東京都千代田区一ツ橋2-5-5
案内 03-5210-4000　営業部 03-5210-4111
http://www.iwanami.co.jp/

新書編集部 03-5210-4054
http://www.iwanamishinsho.com/

印刷・三陽社　カバー・半七印刷　製本・中永製本

ISBN 978-4-00-431680-0　Printed in Japan

岩波新書新赤版一〇〇〇点に際して

ひとつの時代が終わったと言われて久しい。だが、その先にいかなる時代を展望するのか、私たちはその輪郭すら描きえていない。二〇世紀から持ち越した課題の多くは、未だ解決の緒を見つけることのできないままであり、二一世紀が新たに招きよせた問題も少なくない。グローバル資本主義の浸透、憎悪の連鎖、暴力の応酬——世界は混沌として深い不安の只中にある。

現代社会においては変化が常態となり、速さと新しさに絶対的な価値が与えられた。消費社会の深化と情報技術の革命は、種々の境界を無くし、人々の生活やコミュニケーションの様式を根底から変容させてきた。ライフスタイルは多様化し、一面では個人の生き方をそれぞれが選びとる時代が始まっている。同時に、新たな格差が生まれ、様々な次元での亀裂や分断が深まっている。社会や歴史に対する意識が揺らぎ、普遍的な理念に対する根本的な懐疑や、現実を変えることへの無力感がひそかに根を張りつつある。そして生きることに誰もが困難を覚える時代が到来している。

しかし、日常生活のそれぞれの場で、自由と民主主義を獲得し実践することを通じて、私たち自身がそうした閉塞を乗り超え、希望の時代の幕開けを告げてゆくことは不可能ではあるまい。そのために、いま求められていること——それは、個と個の間で開かれた対話を積み重ねながら、人間らしく生きることの条件について一人ひとりが粘り強く思考することではないか。その営みの糧となるものが、教養に外ならないと私たちは考える。歴史とは何か、よく生きるとはいかなることか、世界そして人間はどこへ向かうべきなのか——こうした根源的な問いとの格闘が、文化と知の厚みを作り出し、個人と社会を支える基盤としての教養となった。まさにそのような教養への道案内こそ、岩波新書が創刊以来、追求してきたことである。

岩波新書は、日中戦争下の一九三八年一一月に赤版として創刊された。創刊の辞は、道義の精神に則らない日本の行動を憂慮し、批判的精神と良心的行動の欠如を戒めつつ、現代人の現代的教養を刊行の目的とする、と謳っている。以後、青版、黄版、新赤版と装いを改めながら、合計二五〇〇点余りを世に問うてきた。そして、いままた新赤版が一〇〇〇点を迎えたのを機に、人間の理性と良心への信頼を再確認し、それに裏打ちされた文化を培っていく決意を込めて、新しい装丁のもとに再出発したいと思う。一冊一冊から吹き出す新風が一人でも多くの読者の許に届くこと、そして希望ある時代への想像力を豊かにかき立てることを切に願う。

（二〇〇六年四月）

岩波新書より

社 会

- 歩く、見る、聞く 人びとの自然再生　宮内泰介
- 対話する社会へ　暉峻淑子
- 悩みいろいろ　金子　勝
- 魚と日本人 食と職の経済学　濱田武士
- ルポ 貧困女子　飯島裕子
- 鳥獣害 動物たちと、どう向きあうか　祖田　修
- 科学者と戦争　池内　了
- 新しい幸福論　橘木俊詔
- ブラックバイト 学生が危ない　今野晴貴
- 原発プロパガンダ　本間　龍
- ルポ 母子避難　吉田千亜
- 日本にとって沖縄とは何か　新崎盛暉
- 日本病 長期衰退のダイナミクス　金子　勝／児玉龍彦
- 雇用身分社会　森岡孝二
- 生命保険とのつき合い方　出口治明
- ルポ にっぽんのごみ　杉本裕明
- 鈴木さんにも分かるネットの未来　川上量生
- 地域に希望あり　大江正章
- 世論調査とは何だろうか　岩本　裕
- フォト・ストーリー 沖縄の70年　石川文洋
- ルポ 保育崩壊　小林美希
- 多数決を疑う 社会的選択理論とは何か　坂井豊貴
- アホウドリを追った日本人　平岡昭利
- 朝鮮と日本に生きる　金　時鐘
- 被災弱者　岡田広行
- 農山村は消滅しない　小田切徳美
- 復興〈災害〉　塩崎賢明
- 「働くこと」を問い直す　山崎　憲
- 原発と大津波 警告を葬った人々　添田孝史
- 縮小都市の挑戦　矢作　弘
- 福島原発事故 被災者支援政策の欺瞞　日野行介
- 日本の年金　駒村康平
- 食と農でつなぐ 福島から　塩谷弘康／岩崎由美子
- 過労自殺〔第二版〕　川人　博
- 金沢を歩く　山出　保
- ドキュメント 豪雨災害　稲泉　連
- ひとり親家庭　赤石千衣子
- 女のからだ フェミニズム以後　荻野美穂
- 〈老いがい〉の時代　天野正子
- 子どもの貧困Ⅱ　阿部　彩
- 性と法律　角田由紀子
- ヘイト・スピーチとは何か　師岡康子
- 生活保護から考える　稲葉　剛
- かつお節と日本人　宮内泰介／藤林　泰
- 家事労働ハラスメント　竹信三恵子
- 福島原発事故 県民健康管理調査の闇　日野行介
- 電気料金はなぜ上がるのか　朝日新聞経済部
- おとなが育つ条件　柏木惠子
- 在日外国人〔第三版〕　田中　宏
- まち再生の術語集　延藤安弘

岩波新書より

震災日録 記憶を記録する	森 まゆみ
原発をつくらせない人びと	山秋 真
社会人の生き方	暉峻淑子
構造災 科学技術社会に潜む危機	松本三和夫
家族という意志	芹沢俊介
ルポ 良心と義務	田中伸尚
飯舘村は負けない	千葉悦子 松野光伸
夢よりも深い覚醒へ	大澤真幸
子どもの声を社会へ	桜井智恵子
就職とは何か	森岡孝二
日本のデザイン	原 研哉
ポジティヴ・アクション	辻村みよ子
脱原子力社会へ	長谷川公一
希望は絶望のど真ん中に	むのたけじ
福島 原発と人びと	広河隆一
アスベスト 広がる被害	大島秀利
原発を終わらせる	石橋克彦編
日本の食糧が危ない	中村靖彦
勲章 知られざる素顔	栗原俊雄
希望のつくり方	玄田有史
生き方の不平等	白波瀬佐和子
同性愛と異性愛	風間 孝 河口和也
居住の貧困	本間義人
贅沢の条件	山田登世子
新しい労働社会	濱口桂一郎
世代間連帯	上野千鶴子 辻元清美
道路をどうするか	五十嵐敬喜 小川明雄
子どもの貧困	阿部 彩
子どもへの性的虐待	森田ゆり
戦争絶滅へ、人間復活へ	むのたけじ 黒岩比佐子 聞き手
テレワーク 「未来型労働」の現実	佐藤彰男
反貧困	湯浅 誠
不可能性の時代	大澤真幸
地域の力	大江正章
ベースボールの夢	内田隆三
グアムと日本人 戦争を埋立てた楽園	山口 誠
少子社会日本	山田昌弘
親米と反米	吉見俊哉
「悩み」の正体	香山リカ
変えてゆく勇気	上川あや
建築紛争	五十嵐敬喜 小川明雄
戦争で死ぬ、ということ	島本慈子
社会学入門	見田宗介
冠婚葬祭のひみつ	斎藤美奈子
少年事件に取り組む	藤原正範
いまどきの「常識」	香山リカ
働きすぎの時代	森岡孝二
桜が創った「日本」	佐藤俊樹
生きる意味	上田紀行
ルポ 戦争協力拒否	吉田敏浩
ウォーター・ビジネス	中村靖彦
男女共同参画の時代	鹿嶋 敬
当事者主権	中西正司 上野千鶴子
ルポ 解雇	島本慈子
豊かさの条件	暉峻淑子
人生案内	落合恵子

岩波新書より

若者の法則	香山リカ
少年犯罪と向きあう	石井小夜子
自白の心理学	浜田寿美男
原発事故はなぜくりかえすのか	高木仁三郎
日本の近代化遺産	伊東孝
証言 水俣病	栗原彬編
コンクリートが危ない	小林一輔
東京国税局査察部	立石勝規
バリアフリーをつくる	光野有次
ドキュメント 屠場	鎌田慧
能力主義と企業社会	熊沢誠
現代社会の理論	見田宗介
原発事故を問う	七沢潔
災害救援	野田正彰
命こそ宝 沖縄反戦の心	阿波根昌鴻
スパイの世界	中薗英助
「成田」とは何か	宇沢弘文
都市開発を考える	大野輝之 レイコ・ハベ・エバンス
ディズニーランドという聖地	能登路雅子
原発はなぜ危険か	田中三彦
豊かさとは何か	暉峻淑子
農の情景	杉浦明平
光に向って咲け	粟津キヨ
異邦人は君ヶ代丸に乗って	金賛汀
読書と社会科学	内田義彦
ああダンプ街道	佐久間充
科学文明に未来はあるか	野坂昭如編著
働くことの意味	清水正徳
原爆に夫を奪われて	神田三亀男編
プルトニウムの恐怖	高木仁三郎
住宅貧乏物語	早川和男
食品を見わける	磯部晶策
社会科学における人間	大塚久雄
沖縄ノート	大江健三郎
追われゆく坑夫たち	上野英信
この世界の片隅で	山代巴編
音から隔てられて	入谷仙介 林瓢介編
ものいわぬ農民	大牟羅良
世直しの倫理と論理（下）	小田実
死の灰と闘う科学者	三宅泰雄
米軍と農民	阿波根昌鴻
暗い谷間の労働運動	大河内一男
ユダヤ人	J-P・サルトル 安堂信也訳
社会認識の歩み	内田義彦
社会科学の方法	大塚久雄
自動車の社会的費用	宇沢弘文

岩波新書/最新刊から

1672 〈ひとり死〉時代のお葬式とお墓　小谷みどり著

火葬のみのお葬式、新しい人間関係から生まれる共同墓……。死後を誰に託すのか。具体的な事例とともに、これからを考える。

1673 中原中也　沈黙の音楽　佐々木幹郎著

存在の不安がみなぎる作品の数々は、どこからきたのか。生誕一一〇年、没後八〇年。最新資料から見えてきた、詩人の息づかい。

1674 一茶の相続争い　―北国街道柏原宿訴訟始末―　高橋敏著

俳人小林一茶、こと百姓弥太郎。その異母弟との骨肉の争いを語るものは少ない。巧みに隠された「弥太郎」の本性を明るみに出す。

1675 日本文化をよむ　5つのキーワード　藤田正勝著

西行の「心」、親鸞の「悪」、長明の「無常」ほか5つのキーワードから、日本文化の根底にあるものの見方、美意識のあり方を描く。

1676 日本の歴史を旅する　五味文彦著

旅の中で出会い見た歴史の痕跡と、その地に長く育まれた〈地域の力〉。歴史家の練達の筆に、列島の多様な魅力が浮かびあがる。

1677 イギリス現代史　長谷川貴彦著

政治経済のみならず国際関係の変動、また社会変容にも着目し、戦後イギリスの歩みを描く。EU離脱に揺れる今を考えるために。

1678 60歳からの外国語修行　メキシコに学ぶ　青山南著

60歳にして初の語学留学！ 現地に行ってはじめて見えてきたこととは――。名翻訳家・エッセイストによる、最高に面白い体験記。

1679 抗生物質と人間　―マイクロバイオームの危機―　山本太郎著

増加する生活習慣病、拡大する薬剤耐性菌。その背後には、抗生物質の過剰使用がある。諸刃の剣と化す万能の薬。その逆説を問う。

(2017.10)